JORDI ROCA
DESSERTS

JORDI ROCA DESSERTS

ÜBER 80 SÜSSE REZEPTE AUS DEM CELLER DE CAN ROCA

Fotos von Becky Lawton

GERSTENBERG

Inhalt

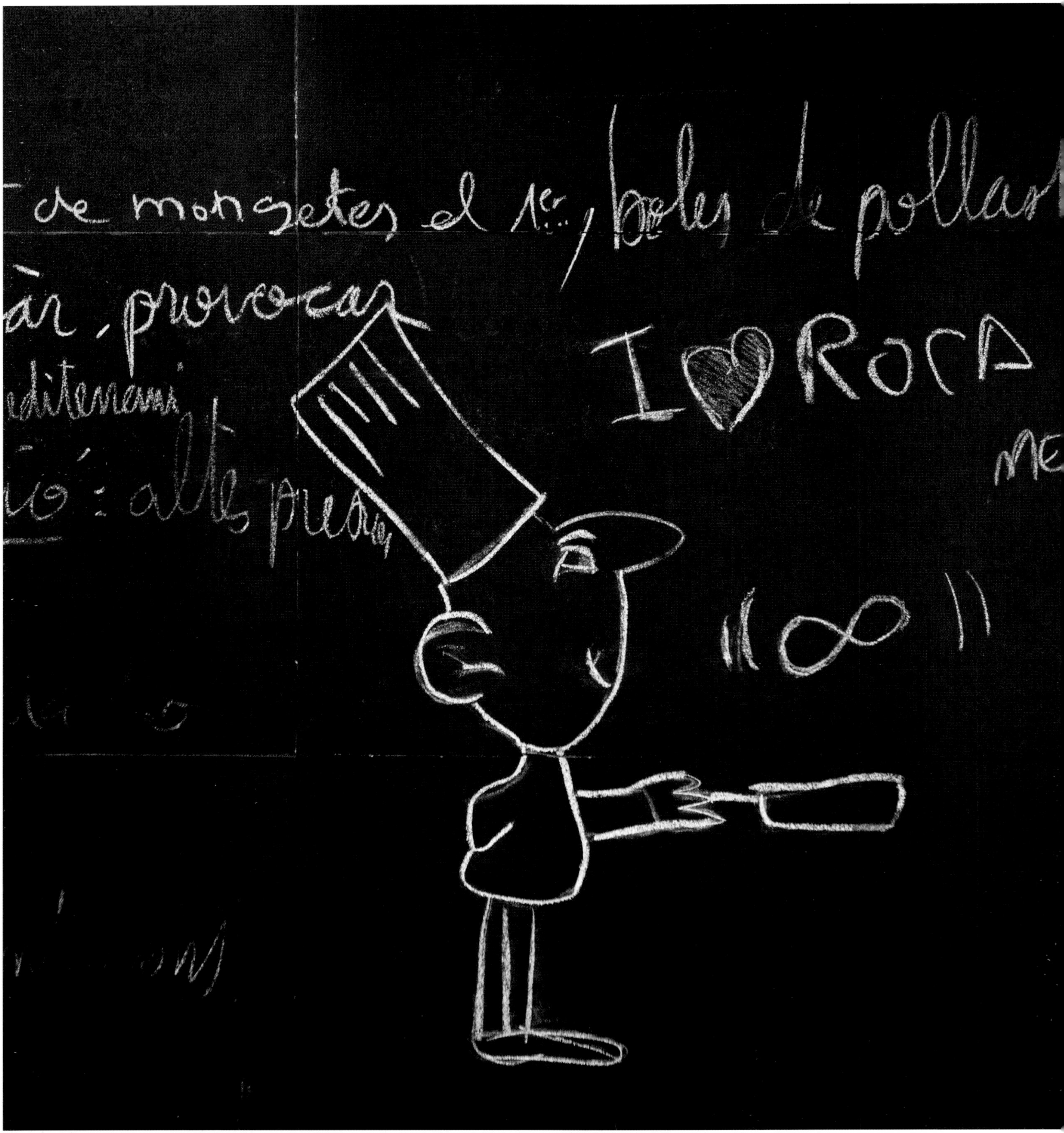
de mongetes el 1er, boles de pollast
àr, provocar
I ♥ ROCA

Das Universum Roca: Mehr als Worte

Lassen Sie uns ein Spiel spielen: Stellen Sie sich vor, ich trage diesen Prolog bei einer Buchpräsentation vor. Währenddessen bereiten sich Jordi und seine Brüder Joan und Josep (die drei Protagonisten des Celler de Can Roca und jeweils verantwortlich für die Bereiche Dessert, Küche und Service) auf ihren Auftritt bei einem Gastronomie-Kongress vor. Sie sind schon auf der Bühne, legen ihr Material zurecht, bereiten alles vor und überprüfen letzte Details. Jeder kennt den Bereich, für den er zuständig ist, es fällt kein Wort, ihnen reicht ab und zu ein kurzer Blick aus den Augenwinkeln, um sich zu vergewissern, dass alles planmäßig läuft. Hin und wieder blicken sie kurz ins Publikum, das erwartungsvoll schweigend auf den Rängen sitzt. Aufmerksam schauen die drei in die Runde, in ihren Blicken Ruhe und Überraschung. Alle drei haben diesen besonderen Blick, als stünden sie trotz ihrer grandiosen gastronomischen Erfolge heute zum allerersten Mal vor großem Publikum. Ich bin mit meiner Vorrede fertig, jetzt fangen sie an zu sprechen, langsam und bedächtig, mit sorgsam gewählten Worten. Sie stellen sich vor, bedanken sich bei den Veranstaltern, erinnern an einen Kollegen, der nicht mehr unter ihnen ist, und beginnen mit ihrem Vortrag.

Vor Kurzem hatte ich das Glück, einer ganz ähnlichen Szene beiwohnen zu dürfen. Dort hielt ein anderer Redner einen sehr treffenden Einführungsvortrag. Abgesehen vom Kernpunkt dieses Kongresses, der natürlich sensationell war, erschienen mir auch die Momente, kurz bevor es losging, das ganze Treiben auf und hinter der Bühne, wie ein von Zauberhand gesteuertes, hundertmal geprobtes und dabei erfrischend improvisiertes Ballett. In wenigen Worten wurde treffend zusammengefasst, was die Arbeit und die Küche des Celler de Can Roca ausmacht: Stille, Nachdenken und umfangreiche Vorarbeiten, aus denen das Wunder der Roca-Brüder entsteht, und ihre unglaubliche Natürlichkeit, wenn sie die vielen Glückwünsche, Preise und Auszeichnungen, Berichte und Fotoreportagen in der internationalen Presse sowie den einhelligen Beifall der Fachwelt, Gastronomieexperten und Liebhaber aus der ganzen Welt entgegennehmen. Talent und Demut – um es in zwei Begriffe zu fassen.

Dieses Buch ist das Ergebnis der zielgerichteten, steilen Karriere von Jordi Roca, dem großen Süßspeisenkoch und Pâtissier. Für mich besiegelt das Buch eine intensive Arbeitsbeziehung, die mit Jordis Rezepten und meinen Fotos für die Zeitschrift *Descobrir Cuina* begonnen hat, und die in anderen Foren wie *Delicooks* und in der gemeinsamen Arbeit an der Webseite des Celler de Can Roca ihre Fortsetzung fand. Man könnte sagen: Wir haben in dieser Zeit zu einer reibungslosen Synchronisation und perfekten Kommunikation gefunden. Und das ist, so viel steht fest, vom ersten Tage an so gewesen. Mit Jordi zu arbeiten bedeutet, die Kreationen eines der weltbesten Pâtissiers zu fotografieren, und dennoch gab es dabei niemals auch nur die kleinste Spur von Spannung oder Missstimmung. Anfangs dachte ich, dies sei vielleicht seiner Höflichkeit mir gegenüber geschuldet, seinem Respekt vor meiner Arbeit und dem Wunsch, es mir leicht zu machen. Doch mit der Zeit verstand ich, dass unsere gemeinsamen Arbeitsphasen haargenau dem glichen, was ich während seiner täglichen Arbeit mit seinen Brüdern und Kollegen in der Küche hatte beobachten können: perfekte Übereinstimmung und absoluter Respekt für die Arbeit des anderen, sodass jedes Wort überflüssig wird.

Und in der Tat sind in Jordis Welt keine Worte nötig, eine Geste oder ein kurzer Blick reichen aus, und schon ist das Werk vollendet. Das ist auch der Sinn des Buches, das Sie in Händen halten: Keine großen Worte, lassen wir die Arbeit für sich sprechen. Ich wünsche Ihnen viel Vergnügen, und: Lassen Sie sich inspirieren – so wie ich!

Becky Lawton

Formen brechen – Grenzen überschreiten

Nachtisch – dieses Wort hat für mich eine ganz eigene Bedeutung. »Nach Tisch« ist für mich vor dem Essen, ich komme zuletzt, doch für mich fängt hier alles erst an. Lebensinhalt.

Meine ersten Schritte in die Welt der Süßspeisen waren absolut dilettantisch und meine Ausbildung in diesem Metier alles andere als akademisch. Auf diesem Weg nahm mich Damian Allsop, ein sehr begabter walisischer Pâtissier, als Erster unter seine Fittiche. Er war nach einer langen Odyssee durch die verschiedensten großen Restaurants Europas in unserem Haus gelandet und übernahm Ende der 90er-Jahre die Partie des Süßspeisenkochs im Celler de Can Roca. Durch ihn habe ich begriffen, welche Bedeutung die süße Küche hat, was das Besondere daran und warum sie so einzigartig ist. Er hat meine Neugier geweckt. Anfangs war ich sein Gehilfe, später wurde ich sein Nachfolger. Allsop gab mir das notwendige Werkzeug an die Hand, um verstehen zu können, worauf es bei der süßen Küche ankommt. Durch ihn lernte ich alles über Methoden, Präzision, minutengenaues Arbeiten, Geduld, Mut, Sicherheit und unablässigen Einsatz. Meine Anfangszeit war geprägt von Vorschriften und Maßangaben, den Grundpfeilern unseres Tuns. Ich erfuhr, warum ein Soufflé schäumt, wie und warum man Schokolade schmilzt und weshalb ein Gelee fest wird; ich lernte, Zucker zu Kugeln aufzublasen wie ein Glasbläser in seiner Werkstatt, und eine Menge andere Dinge …

So entdeckte ich mein kreatives Potenzial – es war, als lernte ich fliegen! Seitdem habe ich unablässig Spaß gehabt, ich konnte meine Träume ausleben, provozieren, mich überraschen lassen und, vor allen Dingen, spielen. Seit über zwölf Jahren bin ich süchtig nach diesem süßen Vergnügen. Mein Leben in Süßigkeit auszudrücken, ist für mich eine Lebensnotwendigkeit geworden. Ein Spaziergang, eine Landschaft, ein Geruch, eine Geschichte, ein Geräusch, etwas Unerwartetes, ein Gefühl – all diese Dinge wecken meine Fantasie. Ich brauche Freiheit und Frische. Ich bin ein Radikaler, ein Extremist, und ich liebe es, Grenzen auszutesten, bin respektlos, rüttele an vorgefertigten Formen. Alles Kreative beflügelt mich, ich bin ein Forscher in meinem süßen Universum, weitab vom Ernst und der Strenge der Hauptgerichte und der opulenten Speisenfolge der großen Menüs. Mein großer Moment kommt zum Schluss, mit einer Überraschung, einem Brückenschlag zwischen Etabliertem und faszinierend Neuem.

Mit diesem Buch biete ich Ihnen eine kleine Ablenkung, einen Schlenker in meine Welt, jenseits der ausgetretenen Pfade des Alltags. Ich biete Ihnen witzige, direkt zugängliche und leicht umsetzbare Rezepte an. Sind Sie bereit? Das Spiel beginnt …

Jordi Roca i Fontané

Restaurante El Celler de Can Roca
Can Sunyer, 48. 17007 – Taialà, Girona
Tel. 0034 972 222 157
www.cellercanroca.com

Warum eigentlich nicht?

Ein essbares Parfum kreieren, ein Tor von Messi in einen Geschmack verwandeln, ein Dessert mit einer Zigarre und einem Mojito, Reminiszenz an Havanna – dies sind nur einige Beispiele dafür, wie Jordi Roca in seinem Restaurant geniale Umsetzungen für sinnliche Erfahrungen findet. Sein Restaurant ist das Celler de Can Roca, das er gemeinsam mit seinen Brüdern Joan und Josep in der Nähe von Girona betreibt. Vielerlei Einflüsse, Inspirationsquellen, Geschmacksrichtungen und ganz persönliche, auch regional bedingte Prägungen spiegeln sich hier wider und bilden alle zusammen ein Universum aus Aromen, Geschmack und Texturen, das jeden Gast gefangen nimmt. Gern gibt Roca zu, dass er eindeutig im Vorteil ist, weil es, wie er sagt, »mit einem Dessert viel leichter ist, einem Gast ein Lächeln zu entlocken«. Sein Restaurant steht mit drei Sternen auf der Weltbestenliste und findet tagtäglich Bestätigung im Lob der aus allen Ecken der Welt angereisten Gäste, denen kein Weg zu weit ist, um die interessanten, ausgefallensten Kreationen zu probieren, die derzeit in der spanischen und internationalen Autorenküche zu finden sind.

Dieses Buch zeigt einen Ausschnitt aus dem Celler de Can Roca. Es reflektiert den Einfallsreichtum, die Herangehensweise, die Großzügigkeit und vor allem den Mut, mit dem dort gearbeitet wird und der sich beim Genuss der Speisen auf den Gast überträgt. Jordi Roca lässt seine Leser an diesen spielerischen kulinarischen Erfahrungen teilhaben, macht sie zu Komplizen, regt ihre Fantasie an und versetzt sie in die Lage, seine originellen Desserts zu Hause selbst nachzukochen. Sechsundachtzig köstliche Süßspeisen, subtil und voller Verheißungen, werden Schritt für Schritt erklärt, in allen Einzelheiten, mit allen Tricks und Geheimnissen, die der Spitzenkoch an dieser Stelle für Sie preisgibt.

Gut sortiert nach Art der Zutaten und Zubereitungsweise werden die Dessertrezepte aufgefächert im Kreis der Jahreszeiten, von Frühling bis Winter, angefangen bei einem erfrischenden Ananassüppchen mit Mango und Passionsfrucht, über ein Feigencarpaccio mit Anis oder Curry-Madeleines bis hin zu seinen Orangenblütenpralinés. Dessertrezepte aus der Autorenküche, in der die vielfältigsten Techniken, Konzepte und Zutaten zum Einsatz kommen, und das alles unter dem großen gemeinsamen Nenner einer grenzenlosen Fantasie.

Mit dieser breiten kulinarischen Palette beweist der jüngste Roca-Bruder einmal mehr seine geistige Unabhängigkeit, seinen Mut zum Experiment und zum Nonkonformismus. Seine unwiderstehlichen Adaptionen bekannter Parfums wie z. B. Eternity, Terre d'Hermès oder Trésor, die visuell stimulierenden monochromen Nachspeisen und schließlich sein selbstironisches Augenzwinkern, das wir in den Anspielungen auf seine Kindheit, Marshmallows oder kandierten Äpfeln, wiederfinden – all dies bringt frischen Wind in die aktuelle Gastronomieszene!

Jordi Rocas süße Kreationen erwecken einen Sturm von Aromen, Geschmäckern und Gefühlen, die keinen kalt lassen können. Freiheit, Frechheit und Fantasie – das sind die besten Zutaten für ein perfektes Dessert. Eine auf den ersten Blick völlig verrückte, abwegig erscheinende Idee kann zu brillanten Ergebnissen führen. Um es mit seinen eigenen Worten auszudrücken: »Das Geheimnis besteht darin, sich immer wieder zu fragen: Warum eigentlich nicht?«

Und wenn wir schon dabei sind, Geheimnisse zu enthüllen: Auf die Frage, wonach eigentlich ein Tor von Messi schmeckt, antwortet Jordi: »Nach Euphorie und Säure, frisch, spritzig, explosiv. Es macht den Mund wässrig, ist natürlich und spontan.«

Ein Tor von Messi:
süße Hommage an den
Spitzenfußball

Etwas zur Geschichte

Schon vor vielen tausend Jahren war es üblich, Süßes zum Nachtisch zu essen. An den Wänden der heiligen Stätten und Mausoleen des alten Ägypten kann man noch heute beobachten, wie die Menschen aus Früchten und anderen süßen Zutaten einfache Süßspeisen zubereiteten. Am häufigsten wurden Mehl, Milch, Datteln, Trauben, Honig und Rosinen verwendet, allerdings waren diese Rohstoffe knapp und deshalb der Elite vorbehalten. Das einfache Volk hatte keine Möglichkeit, sich diese kostbaren Dinge zu verschaffen. Eines der ältesten Zeugnisse findet sich an den Wänden der Grabstätte des Großwesirs Amenhotep (1427 bis 1401 v. Chr.). Dort ist in einer Szene die Zubereitung eines originellen, kegelförmigen Kuchens dargestellt.

Das erste Kuchenrezept

Auch in der klassischen griechischen Literatur finden sich Zeugnisse der damaligen Backkunst. In bedeutenden Werken großer Autoren wie Platon, Plutarch und Xenophon werden in allen Einzelheiten große Bankette beschrieben, zu denen auch exquisite Desserts gehörten. Die Griechen lernten von den Ägyptern das Brotbacken und entwickelten die Grundlagen der heutigen Backtradition, indem sie auf der Basis von Honig und Trockenfrüchten Gebäck und Süßspeisen herstellten. Viele dieser Rezepte wurden durch den griechischen Gastronom Chrysippos von Tyana bekannt, in dessen Schrift *Artokopikos* das erste überlieferte Backrezept zu finden ist, das aus Roggenmehl, Käse und Honig hergestellte *Plakon*.

Die *Pastillariorum*

Auch die Römer kamen bald auf den süßen Geschmack. Dort schlossen sich im vierten Jahrhundert die ersten auf das Kuchenbacken spezialisierten Brotbäcker zu einer Art Berufsgenossenschaft, dem *Pastillariorum*, zusammen. Angeblich geht die Tradition der Dreikönigskringel auf diese Zeit zurück, als man runde Küchlein auf der Basis von Feigen, Datteln und Honig für die Festtage zu Ehren Saturns buk und an Sklaven und Plebejer verteilte. Die berühmten römischen Bankette, die *Cenae*, endeten immer mit der sogenannten *Segunda Mensa*, dem Nachtisch, zu dem frisches Obst, Süßspeisen und Trockenfrüchte gereicht wurden. Einige Rezepte dieser Nachspeisen sind uns durch Autoren wie Plinius, Apicius, Cato d. Ä. oder Gaius Petronius überliefert. Besonders erwähnenswert sind darunter der *Artologanus*, griechischen Ursprungs, auf der Grundlage von Mehl, Wein, Milch, Öl und Pfeffer sowie die *Placenta*, ein Kuchen aus Hafermehl, Käse und Honig.

Zucker und Kakao

Die Invasion der Barbaren ließ die Dessertkunst eine Zeit lang in Vergessenheit geraten. Erst im Mittelalter kam es mit der raschen Verbreitung des Zuckers, der den bis dahin verwendeten Honig verdrängte, zu einem Wiederaufleben der Bäckerei. Während dieser Zeit bildete sich in Frankreich ein Gremium, das für die Herstellung der Oblaten (*oublies*) zur Feier der Eucharistie in französischen Kirchen zuständig war. Diese Oublieurs übernahmen neben dem Geschäft mit den Oblaten bald die gesamte Herstellung von Back- und Süßwaren, die sie für die verschiedenen liturgischen Feste und Traditionen herstellten.

Ein weiterer wichtiger Moment in der Entwicklung der Backkunst waren die Kreuzzüge, durch die eine Reihe bis dahin in der westlichen Küche unbekannter Produkte eingeführt wurden, allen voran der Zucker. Einer der ersten schriftlichen Hinweise in Europa ist in dem Werk *Llibre de totes maneres de confits* zu finden, einer Sammlung von Süßspeisenrezepten eines unbekannten Autors aus dem 15. Jahrhundert.

Die Perser führten nach den Indienfeldzügen (510 v. Chr.) den Anbau von Zuckerrüben ein, und Alexander der Große brachte 327 v. Chr. die erste Nachricht von der neuen Süß-pflanze nach Europa. Später folgten die bereits erwähnten Kreuzzüge und der Entdecker Marco Polo. Die Vorliebe für die süße Pflanze breitete sich bald im gesamten Mittelmeer-raum aus, begrenzt allerdings durch die Tatsache, dass es sich dabei um ein sehr teures und schwer zu beschaffendes Produkt handelte. Deshalb galt Zucker jahrhundertelang als Luxus-ware und blieb den besser gestellten Gesellschaftsschichten vorbehalten.

In einer Anordnung des Monarchen Johann II. von Frankreich (Jean II. Le Bon) von 1351 finden bereits Backwaren wie Kuchen, Mandelbällchen, Torten, Marzipan, Blätterteig und anderes Kleingebäck Erwähnung. Fast hundert Jahre später, im Jahr 1440, wird in einer an-deren Anordnung zum ersten Mal der Begriff »Zuckerbäcker« verwendet. Ihnen wurde per Gesetz das alleinige Recht zur Herstellung von Fleisch-, Fisch- und Käsepasteten übertragen, allerdings mussten sie dabei eine Reihe von Pflichten und Vorschriften beachten.

Und nach dem Zucker kam – der Kakao. Die Anfänge des Kakaoanbaus liegen mehr als 3000 Jahre zurück. Der Kakaobaum stammt ursprünglich aus Mexiko, wo die Mayas und die

Seit vielen Jahrhunderten schon bereiten Menschen Süßspeisen zu.

29

Azteken aus seinen Früchten bereits ein bitteres, würziges Getränk mit Namen *xocolatl* herstellten. Hernán Cortés brachte nach seiner Expedition im Jahr 1519 den Kakao nach Europa, allerdings hielt der Monarch Carlos V. den Schatz als Staatsgeheimnis unter Verschluss und behielt das Monopol für sich.

Maestro Carême

Im Jahr 1556 bildete sich die erste Berufsvereinigung der Zuckerbäcker, die für eine einheitlich festgelegte Ausbildung (5 Jahre Lehrzeit) sorgte und die festlegte, welche Voraussetzungen ein Bäckermeister zu erfüllen hatte. 1592 veröffentlichte Miguel de Baeza, ein Confisier aus Toledo, sein Werk *Los cuatro libros del arte de la confitería (Die Kunst der Konfiserie in vier Bänden)*, in dem er die Zubereitung der damals üblichen Süßspeisen erklärte, darunter Konfitüren, Dragees, süße Cannelloni, Bonbons, Marzipan, Turrón und Biskuit.

Die offizielle Festschreibung der Berufsbezeichnung erfolgte mit der Renaissance, als die Verbreitung von Naturhefe den Bereich der Kuchenbäckerei endgültig von der Brotbäckerei trennte.

Damit sind wir auch schon bei der Zeit des großen Pariser Konditors Marie-Antoine Carême. Dieser talentierte, kreative Koch revolutionierte die Kunst der Pâtisserie im Dienste von Zaren, Prinzen und Königen (Zar Alexander I., König Georg IV. u. a.). Von ihm stammen mehrere wichtige Werke über das Kochen, die als grundlegender Leitfaden zur Analyse, Einteilung und Beurteilung der verschiedensten Gerichte und Lebensmittel dienten. Sein Buch *Le Pâtissier royal parisien* gilt als das erste geschriebene Werk zur modernen Pâtisserie und enthält ein umfangreiches Verzeichnis von Rezepten, Techniken, Küchengeräten und Zutaten. Damit war ein wichtiger Schritt getan, um zukünftigen Bäckern und Konditoren den Weg zu bereiten.

Im Laufe des 19. Jahrhunderts nahm die Pâtisserie in Europa einen steilen Aufschwung, und schon bald entstanden unzählige Konditoreien und Pâtisserien, so wie wir sie auch heute noch kennen.

Von der industriellen zur molekularen Revolution

Mit der industriellen Revolution des 20. Jahrhunderts ging eine Reihe neuer Erfindungen und technologischer Entwicklungen einher, vor allem in Bezug auf die Möglichkeiten zur exakten Steuerung von Kälte und Hitze, Fermentierung, Gefriertechnik und die Konservierung von Lebensmitteln. Dies eröffnete völlig neue Wege in der Welt der Pâtisserie und ermöglichte die Herstellung von Desserts, die (jedenfalls nach dem heutigen Stand der Dinge) ihren Höhepunkt in der Molekularküche und den damit verbundenen Techniken der Gelifikation, Sphärifikation und des Sous-Vide-Garens fand.

Der Beruf des Konditors wurde zur Zeit der Renaissance als offizielle Berufsbezeichnung anerkannt.

Mit allen fünf Sinnen

Wenn wir ein besonderes Essen genießen, ein ganz bestimmtes Lied hören oder den Duft einer Blume riechen, empfinden wir Gefühle. Das ist eine unmittelbare Reaktion auf eine eindeutige, gezielte Stimulation unserer Sinne. Und jeder Mensch erhält diese Information auf dieselbe Weise, nämlich über den Geruchssinn, den Geschmackssinn, den Tastsinn, über die Augen oder mit den Ohren. Der Unterschied besteht lediglich in der Art und Weise, wie wir diese Information verarbeiten, wie unser Gehirn diese Sinneseindrücke interpretiert. Dadurch erhalten sie eine einzigartige Bedeutung und einen Platz in unserem Gedächtnis. Das Lied, bei dem wir uns verliebt haben, die Stimme unseres Partners oder die unserer Kinder, die Landschaft unserer Kindheit – all das sind Eindrücke, die wir besonders intensiv wahrnehmen und die für uns eine ganz spezielle Bedeutung haben.

Etwas Ähnliches geschieht, wenn wir ein Essen genießen, zu Hause oder in einem Restaurant. Textur, Geschmack, Aroma und auch die Zubereitungsweise der einzelnen Zutaten sind Faktoren, die unser Sinnesgedächtnis stimulieren und uns in eine andere Zeit, eine ganz bestimmte Landschaft oder in einen besonderen Gefühlszustand versetzen können.

Geschmack und Geruch

Es ist gar nicht so leicht, einen Gast mit solch einer Assoziation mit seinen Gefühlen und seiner Wahrnehmung zu überraschen. Geschmack hat viele Dimensionen und umfasst viele verschiedene Sinneswahrnehmungen, eine ganze Palette von Eindrücken, die im Geschmacks- und Geruchssinn abgespeichert sind, in den sogenannten Rezeptoren oder den Sinneszellen (Augen, Ohren und die Haut sind Sinnesorgane). Achtzig Prozent der dem Geschmackssinn zugeordneten Sinneseindrücke entstammen eigentlich dem Geruchssinn.

TECHNO-EMOTIONALE KÜCHE

Im Celler de Can Roca wird die Komposition eines jeden Gerichts sorgfältig durchdacht. Die kulinarische Forschungsarbeit zielt darauf ab, Stimmungen herzustellen, indem die Beschreibung der Stimmungszustände mit der Beschreibung der Gefühle, die den einzelnen Bestandteilen des Gerichts zugeordnet sind, in ein ganz bestimmtes Verhältnis zueinander gebracht werden. Dieser Vorgang wird als techno-emotionales Kochen bezeichnet und von dem Journalisten und Schriftsteller Pau Arenós mit folgenden Stichworten sehr treffend umrissen:

1 Kochen ist eine Sprache, durch die ein Koch sich ausdrücken will. Ein Koch schafft seine Kreationen für sich selbst, obwohl er sich gleichzeitig wünscht, sein Werk mit anderen Menschen zu teilen. Dabei erhofft er sich natürlich auch Anerkennung durch sein Publikum.

2 Der Koch geht ein Risiko ein: Er ist sich darüber im Klaren, dass sein Angebot unter Umständen nicht verstanden wird. Die Risiken sind bei der techno-emotionalen Küche höher als bei anderen gastronomischen Ausrichtungen.

3 Der Koch kreiert nicht systematisch ein Gericht nach dem anderen: Er versteht sich als Wegbereiter, der sich verschiedener Techniken und Konzepte bedient.

4 Seine Schöpfungen entspringen dem Wunsch, alle Sinne anzuregen. Einen besonderen Stellenwert hat dabei der Tastsinn, der durch die Arbeit mit Texturen und Temperaturen angesprochen wird.

5 Das kulinarische Werk geht über das rein Physische und die Körpersinne hinaus, indem es sich an Emotion und Intellekt richtet. Es bietet auch einen intellektuellen Genuss in Form von Humor, Provokation und Gedankenimpulsen.

6 Dabei kommen noch andere Disziplinen zum Tragen, um die oben genannten Ziele zu erreichen. Hier ist die moderne Technologie von besonderer Bedeutung.

7 Der Gast ist nicht passiv, sondern aktiv. Der Vorgang des Essens erfordert auch von ihm eine ganz besondere Gestimmtheit und Konzentration.

8 Jedes Produkt hat denselben gastronomischen Stellenwert.

9 Die Grenzen zwischen süß und salzig verschwinden, es gibt keinen Unterschied mehr zwischen Haupt- und Nebenzutaten. Die ideale Ausdrucksform ist das Degustationsmenü.

10 Kochen wird als Lebensstil verstanden. Ein Restaurant ist nicht einfach ein Business.

Andererseits verfügen wir über fast 10 000 Geschmacksknospen, die blitzschnell darüber entscheiden, ob das, was wir schmecken, süß, bitter, sauer oder salzig ist.

Normalerweise befinden sich die Geschmacksknospen zum Unterscheiden von Süßem und Salzigem auf der Zungenspitze, Saures wird mit den lateralen Geschmacksknospen wahrgenommen, Bitteres auf dem hinteren Teil der Zunge. Allerdings haben nicht alle Menschen dieselben Geschmacksfähigkeiten. Manche Menschen nehmen Aromen, Texturen und Eigenschaften von Nahrungsmitteln wahr, die andere gar nicht unterscheiden können.

Sinnesgedächtnis

Im Laufe der Zeit verlieren wir einen Teil unserer olfaktorischen und geschmacklichen Fähigkeiten, können dies jedoch durch ein erweitertes Sinnesgedächtnis kompensieren. Dies brachte Ann C. Noble, Professorin und Forscherin an der Abteilung für Weinbau und Önologie der Universität Davis in Kalifornien, folgendermaßen auf den Punkt: »Ab dem dreißigsten Lebensjahr geht uns der Geruchssinn mehr und mehr verloren, andererseits leben wir immer stärker von den Gerüchen unserer Erinnerung«.

Und tatsächlich ist manchmal eine simple Erinnerung der Ausgangspunkt für ein neues Rezept. Dieses Erlebnis kann sich in einem Aroma, einem Geschmack oder einer Textur niederschlagen, die uns für einen Augenblick in den erinnerten Moment zurückversetzen. Das sind die sogenannten Erinnerungslandschaften, die wir sorgfältig in unserem Unterbewusstsein hüten, und denen die moderne Kochkunst eine ganz besondere Bedeutung zukommen lässt, weil sie uns besonderen Genuss verschaffen können.

In der Küche des Celler de Can Roca wird die Komposition eines jeden Gerichts sorgfältig durchdacht.

ERINNERUNGSLANDSCHAFTEN

- Ein Spaziergang am Meer, Seefenchel und die Wellen auf den Schieferfelsen am Cap de Creus.

- Der erste Frühlingsspaziergang in den Bergen, wenn die Erde aus der winterlichen Stille erwacht und Thymian und Rosmarin zu blühen beginnen.

- Der Duft von Mimosen im Februar beim Gang durch den Botanischen Garten. Die nassen Quellerpflanzen im Sumpf der Aiguamolls de l'Empordà.

- Pilze, unter den Blättern im dichten Wald verborgen, und der Duft von Korkeichen, Pinienwäldern und Farn …

* Auszug aus www.cellercanroca.com

Die Ausgangsprodukte

Bevor Sie sich an der Zubereitung der hier beschriebenen Desserts versuchen, sollten Sie genau über die dazu erforderlichen Ausgangsprodukte Bescheid wissen. Die meisten Zutaten, denen Sie hier begegnen, sind bekannt und überall erhältlich. Trotzdem kann es hilfreich sein, noch etwas mehr über die Produkte zu erfahren. Bei manchen Speisen werden Sie allerdings auf Ingredienzien stoßen, die Sie vielleicht noch nie oder nur ganz selten verwendet haben. Das bedeutet aber nicht, dass es unmöglich sein wird, sie zu finden, oder dass die Verarbeitung dieser Zutaten Sie vor eine unlösbare Aufgabe stellt.

Für jeden, ob Profi oder Laie, ist es wichtig, die Zutaten für die Herstellung der Desserts aus diesem Buch genau zu kennen. Fangen wir mit den einfachsten an:

In der Speisekammer …

Schokolade

Schokolade gehört zu den Substanzen, die jedem großen Pâtissier besonders am Herzen liegen. Jordi Roca ist der Ansicht, man könne Schokolade aufgrund ihrer großen Vielfalt an Herkunftsorten, Fermentierungen, Kakaoröstungen und Geschmacksrichtungen mit Wein vergleichen. Roca selbst begegnete diesem Reichtum und der großen Vielfalt anlässlich einer Reise zum Amazonas, wo er auf einem Markt über fünfzehn unterschiedliche frische Kakaosamenarten fand, obwohl im Allgemeinen nur drei Sorten bekannt sind:

> **Criollo-Kakao.** Der Criollo stammt aus Mittelamerika und Mexiko und ist eine sehr beliebte, leicht säuerliche, aromatische Kakaosorte, die kaum Bitterstoffe enthält. Der Anteil des Criollo an der Weltproduktion beträgt rund ein Prozent.

> **Forastero-Kakao.** Der Forastero stammt aus dem Amazonasgebiet und zählt wegen seines besonders intensiven Aromas zu den am weitesten verbreiteten Kakaosorten.

> **Trinitario.** Der Trinitario ist eine Hybridsorte aus den beiden vorgenannten (Forastero und Criollo) und zeichnet sich durch einen besonders hohen Fettanteil aus.

Neben Herkunft und Fermentationsart hängt der Geschmack eines Kakaos vor allem von der Röstung und der Mahlung der Bohnen bzw. der Samen ab, die für die Kakaomasse verwendet werden und die den Hauptbestandteil bei der Schokoladenherstellung ausmachen. Kakaomasse kommt außerdem bei der Produktion von Kakaobutter (zur Schokoladenherstellung) und von Kakaopulver zur Anwendung. Die Hauptbestandteile von Schokolade sind Kakaomasse, Kakaobutter, Milchpulver und Zucker. Die Summe der kakaohaltigen Zutaten (Kakaomasse, Kakaobutter) bestimmt den Gesamtkakaogehalt einer Schokolade, der normalerweise zwischen 55 und 90 Prozent liegt. Bei der Auswahl einer Schokolade (oder Kuvertüre) sollte man wissen, dass ein geringer Kakaoanteil immer durch einen höheren Zuckeranteil ausgeglichen wird. Ganz besonders wichtig ist es aber darauf zu achten, dass die Kakaobutter nicht durch gehärtete Fette ersetzt wurde, denn dadurch verliert die Schokolade ihre charakteristische Konsistenz und Struktur und büßt an Geschmack ein.

Schokoladenkuvertüre ist ein Kakaoderivat, das mehr als 31 Prozent Kakaobutter enthält. Vom Aussehen her ist sie der Schokolade sehr ähnlich, Kuvertüre nimmt jedoch beim Schmelzen eine gleichmäßigere flüssige Konsistenz an.

Schokolade ist ein Kakaoderivat mit mehr als 31 Prozent Kakaobutteranteil. Beim Schmelzen wird sie leicht klebrig.

Bei der Wahl einer Schokolade empfiehlt Jordi Roca besonders die Sorten, die aus Venezuela, Brasilien, Costa Rica oder Ecuador stammen, da dort besonders hochwertige Kakaos gewonnen werden. Und nun sind Sie an der Reihe: Jordi Roca lädt Sie ein, in Ihrer Küche interessante Kombinationen aus Schokolade und Gewürzen oder säuerlichen Früchten zu kreieren – obwohl die Schokolade für sich allein schon die herrlichsten Möglichkeiten bietet, sowohl als alleiniger Protagonist als auch zur Ergänzung eines Desserts.

Gewürze

Die meisten Gewürze stammen aus Asien. Sie geben Süßspeisen ein besonderes Aroma und einen spezifischen Geschmack. Schon mit einer kleinen Prise lassen sich große Wirkungen auf den Geruchs- und Geschmackssinn erzielen. Allerdings sollten sie immer sparsam dosiert werden, um den Eigengeschmack des Gerichts nicht zu überdecken.

Zimt. Dieses Gewürz gehört zur Familie der Lorbeergewächse und stammt aus dem Orient. In Sri Lanka (dem ehemaligen Ceylon) wird der würzigste Zimt produziert, der auf dem Markt zu finden ist. Er wird aus der inneren Rinde des Zimtbaums (*Cinnamomum zeylanicum*) gewonnen und ist in Stangen, als Pulver und als Extrakt erhältlich. Zimt kann für die unterschiedlichsten Desserts verwendet werden (Kuchen, Torten, Cremes, Biskuit …).

Vanille. Die Vanille stammt aus einer amerikanischen Orchidee, in deren blassgelben Blüten eine Schote wächst, die als eine der intensivsten Aromastoffe in der Gastronomie gilt. Erhältlich als Schote, Pulver oder in Tropfenform. Vanille ist für alle Arten von Desserts und Süßspeisen verwendbar.

Pfeffer. Mit seinem intensiven Geschmack und seiner Schärfe bietet er vielfältige Möglichkeiten, um bei einem Dessert für Kontraste und interessante Kombinationen zu sorgen. Pfeffer passt sehr gut zu Schokolade.

Ingwer. Auch Ingwer bietet mit seinem starken, leicht zitrusartigen Eigengeschmack vielfältige Möglichkeiten und wird gern als Kontrast in Verbindung mit Schokolade eingesetzt.

Muskatnuss. Sie wurde ursprünglich von den Arabern nach Europa gebracht. Heute ist Indonesien das wichtigste Herstellerland der Muskatnuss. Sie wächst an einem Baum aus der Familie der *Myristica*. Mit ihrer Mischung aus Zitronenaroma, Schärfe und ihrem süßlichen Geschmack eignet sich die Muskatnuss gut zum Würzen von Süßspeisen, insbesondere in Verbindung mit Obst und Schokolade.

Sternanis. Ursprünglich aus China kommend wird die sternartige Frucht von einem Baum der Familie *Illicium rerum* geerntet. Sternanis hat nichts mit Gewächsen aus der Familie der Anispflanzen zu tun, gemeinsam ist ihnen lediglich ihr Hauptbestandteil, das *Anetol*, das beiden den charakteristischen Geschmack verleiht. Anis ist sehr beliebt bei der Zubereitung der verschiedensten Desserts, Jodi Roca empfiehlt insbesondere die Kombination mit stark duftendem Obst, wie zum Beispiel Ananas. Diese Verbindung ist interessant und wirkt exotisch.

Nelken. Die ungeöffneten Blüten des Nelkenbaums gehören zu den aromatischsten Gewürzen, die es gibt. Sie werden ganz oder gemahlen verwendet, immer jedoch nur in winzigen Mengen, da sie äußerst geruchs- und geschmacksintensiv sind.

Kardamom. Kardamom (*Elettaria cardamomum*) stammt aus Indien und besteht aus kleinen Schoten mit dunklen, sehr aromatischen, geschmacksintensiven Samen, die leicht süß und zitronig schmecken. Er wird häufig für Süßspeisen, Torten und Gebäck verwendet, man sollte ihn wegen seines starken Aromas jedoch sparsam dosieren.

Obst

Wenn wir von den Grundzutaten für Desserts sprechen, geht es immer um Lebensmittel, die im Allgemeinen eher gering geschätzt werden, in der süßen Küche jedoch von großer Bedeutung sind. Das trifft auch auf Obst zu. Bei vielen von Jordi Roca kreierten Desserts steht eine einzelne Frucht (nach Jahreszeit) im Mittelpunkt, die mit anderen Zutaten (Schokolade, Zucker, Mehl usw.) kombiniert wird.

Bergamotte. Diese kleine, säuerliche Zitrusfrucht mit ihrer duftenden Schale wird ausschließlich in der Küstenregion von Kalabrien in Italien angebaut. Vor Jahren gelangte direkt von dort eines Tages eine Kiste Bergamotte in das Restaurant der Roca-Brüder. Sie interessierten sich sofort für die Möglichkeiten dieser bislang in der Küche weitgehend unbekannten Frucht, die bis dahin vor allem in der Parfumherstellung verwendet worden war. Wie bei allen anderen Zitrusfrüchten ist auch die Schale der Bergamotte sehr aromatisch und eignet sich hervorragend für Desserts. Bei der Zubereitung eines Desserts auf der Basis von Zitrusfrüchten sollte man kurz vor dem Servieren etwas geriebene Schale darüberstreuen. Auf diese Weise werden die duftenden Moleküle der Zitrusfrucht erst in dem Moment freigesetzt, in dem das Dessert auf den Tisch kommt. Das regt den Geruchssinn der Gäste auf angenehme Weise an und wirkt sehr belebend.

Kokos. Das frische Fruchtfleisch der Kokosnuss, die zur Familie der Palmpflanzen gehört, ist eine köstliche Zutat für Torten und Kuchen, aber auch als Ergänzung zu erfrischenden Obstsalaten wunderbar geeignet. Beim Kauf ist darauf zu achten, dass die Kokosnuss genügend Wasser enthält. Nach dem Öffnen sollte sie bald verzehrt werden (möglichst noch am selben Tag). In einem Behälter mit Wasser ist sie bis zu vier Tage haltbar. Wegen ihres hohen Fettgehalts ist Kokosmilch besonders geeignet für die Herstellung von Cremes, Sorbets und Eiscreme.

Erdbeere. Sie hat wenig Kalorien und ist reich an Kohlehydraten, Ballaststoffen und Vitamin C. Mit ihrem süßen, aromatischen Geschmack bietet sie sich vor allem an für leichte Salate, Obstsalate und sommerliche kalte Suppen sowie für Torten und Kuchen. Die Erdbeere gehört zu den Wald- und Beerenfrüchten, ebenso wie die Schlehe, die Brombeere, die Johannisbeere und die Blaubeere. Sie alle sind besonders gut geeignet, um etwas Farbe und Fantasie auf den Teller zu bringen.

Limette. Die säuerlich erfrischende kleine Schwester der Zitrone ist wesentlich empfindlicher, verliert leicht ihre Flüssigkeit und trocknet schneller aus als eine Zitrone. Bei Zimmertemperatur halten sich Limetten ungefähr eine Woche. Limettensaft kann für viele verschiedene Desserts verwendet werden und ist ein guter Ersatz für die oft sehr saure Zitrone. Ihr Geschmack passt gut zu allen tropischen Früchten (Ananas, Mango, Papaya) und zu Gewürzkräutern wie Minze oder Basilikum. Wie bei allen Zitrusfrüchten ist auch bei der Limette die Schale besonders aromatisch und bildet damit eine wichtige Zutat als Abrieb.

Zitrone. Die wichtigsten Sorten sind: Eureka (ohne Kern mit reichlich Saft), Lisbon (sauer und saftig), Primofiori (sehr saftig, mit dünner Schale) und Verna (die in Europa am häufigsten verwendete Sorte). Zitronen sind reich an Vitamin C und Kalium. Ihr Saft wird zur Zubereitung von Kuchen, Cremes, Marmeladen und Gelees verwendet.

Apfel. Äpfel sind hervorragende Vitamin-C-Spender und eignen sich gut für die verschiedensten Desserts, wie zum Beispiel sommerliche kalte Suppen, Obstsalate, Marmelade, Kompott, Torten, Kuchen u. a. Jordi Roca verwendet vor allem die beiden folgenden Apfelsorten:

Granny Smith (grün, saftig, erfrischend und knackig). Roca empfiehlt ihn als Grundzutat für kalorienarme Desserts mit wenig Fett.

Royal Gala. Eignet sich bestens zum Schmoren und Karamellisieren. In Verbindung mit Äpfeln sind milde Gewürze wie Vanille oder Zimt zu empfehlen.

Melone. Die Melone gehört zur Familie der Kürbisgewächse (Wassermelone, Gurke). Je nach Sorte kann sie von außen grün, gelb oder orange aussehen. Während der Reifung schmeckt die Melone süß. Ihr Reifezustand lässt sich feststellen, indem man leicht auf die Basis der Melone drückt (an der gegenüberliegenden Seite des Stiels). Wenn dieser Bereich sich leicht eindrücken lässt, ist die Frucht gut ausgereift. Melonen eignen sich besonders für Sorbets, Eis und Mousse.

Orange. Die Orange ist die am häufigsten angebaute Zitrusfrucht und stammt ursprünglich aus Südostasien (insbesondere aus China und Malaysia). Es gibt zahllose Sorten, die sich in zwei große Untergruppen einteilen lassen: süße und bittere Orangen. Die erste Gruppe wird in der Küche am häufigsten verwendet, darunter vor allem die Sorten Navel (die meistverkaufte Sorte), Blanca (mit sehr hohem Saftgehalt) und Sangre (ähnlich wie die Blanca, aber mit rötlichen Pigmenten im Fruchtfleisch).

Birne. Sie stammt ursprünglich aus Osteuropa und Westasien. Für Desserts verwendet man hauptsächlich die Sorten Conference (süß, fest und mit fleckiger Schale), Limonera (erfrischend mit etwas gröberem Fruchtfleisch) und Blanquilla (saftig, grün, mit glatter Schale). Mit Birnen lassen sich dieselben Desserts herstellen wie mit Äpfeln, da sie sehr ähnliche Eigenschaften haben. Allerdings ist dabei zu berücksichtigen, dass Birnen in der Regel mehr Zucker enthalten und deshalb eine kürzere Garzeit brauchen als Äpfel.

Ananas. Die Ananas gehört zur Familie der Bromelien und stammt aus Südamerika, genauer gesagt, aus Brasilien. Mit ihrem aromatischen, wohlschmeckenden Fruchtfleisch eignet sich die Ananas zum rohen Verzehr ganz ohne weitere Zutaten, in Obstsalaten, aber auch in Kombination mit anderen Zutaten, als Saft oder als Konserve. Zur Ananas passen Gewürze wie Vanille oder Sternanis, sie verträgt auch längere Kochzeiten, wie z. B. beim Karamellisieren, wobei der Saft nach und nach zu einer Emulsion einkocht, die sich gut als aromatische, wohlschmeckende Sauce eignet. Ananas lässt sich hervorragend mit Likör und Rum kombinieren.

Banane. Die Banane stammt ursprünglich aus Südasien. Sie gelangte im 15. Jahrhundert auf die Kanarischen Inseln und wurde von dort aus nach Mittelamerika exportiert. Dort fand sie günstige Anbaubedingungen in tropischen Klimazonen und breitete sich schnell aus. Bananen sind süß und haben ein starkes Eigenaroma. Sie lassen sich gut aufbewahren, sollten aber besser nicht im Kühlschrank gelagert werden, weil ihre Schale sonst schwarz wird. Sie eignen sich besonders für Shakes, Kompott, Obstsalat und als Zutat für Torten und Kuchen.

Bananen lassen sich gut mit Karamell, Schokolade oder mit Rum kombinien. Allerdings sind sie sehr kalorienreich und, je nach Tageszeit, manchmal schwer verdaulich.

Wassermelone. Die Wassermelone gehört zu den größten Obstsorten, eine Frucht kann bis zu 10 kg schwer werden. Sie stammt ursprünglich aus den tropischen Regionen Afrikas, und es gibt über 50 verschiedene Sorten mit unterschiedlichsten Formen, Gewicht und Farben. Bei der Auswahl einer Wassermelone kann man durch Abklopfen der Schale von außen hören, ob die Frucht reif ist. Wenn es hohl klingt, ist die Melone von innen reif und saftig. Bei einer Temperatur von 15 °C können Wassermelonen problemlos zwei Wochen lang aufbewahrt werden. Sie sind allerdings kälteempfindlich und sollten nicht unter 7 °C gelagert werden. Aus Wassermelonen lassen sich Eis, Cremes, Gelees, Sorbets, Obstsalate und kalte Fruchtsuppen herstellen.

Trauben. Das saftige, wohlriechende Fruchtfleisch von Trauben ist sehr süß und durch den hohen Zuckergehalt auch sehr kalorienreich. Lychees haben eine ähnliche Konsistenz wie Trauben und sollten wegen ihrer feinen Süße und dem rosenartigen Aroma bei der Zubereitung von Desserts nicht fehlen.

Trockenfrüchte

Trockenfrüchte schmecken gut, sind nahrhaft und gute Energiespender, deshalb bilden sie die Grundlage für viele Desserts. Sie werden vor allem für Kleingebäck, Turrón, Marzipan und alle Arten von Kuchen verwendet. Aus der arabischen Küche kamen Trockenfrüchte wie Walnüsse, Haselnüsse und Mandeln nach Europa, aber auch Pinienkerne, Pistazien und Cashewnüsse gehören dazu. Sie alle lassen sich gut mit Karamell und Schokolade kombinieren. Rohe, ungeröstete Trockenfrüchte können auch zu Milch verarbeitet werden, indem man sie zerkleinert, mit Wasser mischt und dann für ein Dessert weiterverwendet. Um eine köstliche Pinienkernmilch zuzubereiten, brauchen Sie nur 100 g Pinienkerne und 1 l Wasser, die Sie mischen, in einem Mixer zerkleinern und über Nacht in den Kühlschrank stellen. Am nächsten Tag gießen Sie die Mischung durch ein Sieb. Nun können Sie diese, oder jede andere Milch auf Mandel-, Pistazien- oder anderer Basis, als Grundlage für Saucen, Suppen, Eis, Sorbets und Granités verwenden.

Mehl

Aus fast allen Getreidesorten kann man Mehl herstellen (Roggen, Mais, Hafer, Gerste, Reis usw.), am häufigsten wird jedoch immer noch Weizen verwendet.
Je nach Glutengehalt unterscheidet man zwischen:

Feinmehl (Type 405). Ideal für die Zubereitung besonders feiner, weicher Backwaren, wie zum Beispiel Biskuit, da Weißmehl wenig Wasser aufnimmt. Es enthält relativ wenig Gluten und eignet sich gut zur Verwendung mit Backpulver. Zum Brotbacken ist es weniger geeignet, weil es nicht genügend Volumen bringt.

Weißmehl (Type 550). Dieses Mehl hat einen höheren Glutengehalt und bindet viel Wasser. Deshalb empfiehlt es sich besonders für die Herstellung schwerer, elastischer Teigsorten sowie zum Brotbacken.

Je nach Getreidesorte oder Verarbeitungstyp unterscheidet man zwischen:

Weizenmehl. Wegen seines hohen Glutengehalts ideal für die Herstellung besonders elastischer Teige.

Maismehl. Maismehl wird aus gemahlenen Maiskörnern hergestellt und ist die Getreideart mit dem höchsten Stärkegehalt. Bei der Zubereitung von Desserts, Biskuits und Kuchen sorgt es für eine besonders luftige Konsistenz.

Roggenmehl. Roggenmehl ist kräftig, enthält wenig Gluten und wird zum Backen von Kuchen und Gebäck seltener verwendet, sondern eher für dunkles, kräftiges Brot.

Sojamehl. Aus Sojamehl lassen sich sehr ergiebige, süße und luftige Teige herstellen. Sojamehl ist die proteinreichste glutenfreie Getreideart und deshalb ideal für die Herstellung von Desserts für Menschen mit Zöliakie.

Reismehl. Reismehl schmeckt süßlich und ergibt feste, kompakte Teige. Im Vergleich zu allen anderen Mehlsorten verleiht Reismehl dem Teig eine besondere Elastizität und eignet sich für die Herstellung besonderer Texturen (zum Beispiel Moshi-Teig).

Kräuter

Minze, Rosmarin, Oregano, Basilikum und Zitronenverbene werden am häufigsten zum Verfeinern von Desserts wie zum Beispiel Obstsalat, Eis und Sorbets verwendet. Die Kräuter sollten so frisch wie möglich verarbeitet werden. Achten Sie darauf, sie genau wie Gewürze sparsam zu dosieren, damit die Kräuter das Eigenaroma des Gerichts nicht zu stark dominieren. Darüber hinaus lassen sich aus Kräutern wirkungsvolle kalte Infusionen herstellen, die vielen Desserts eine ganz besondere Note verleihen.

Ei

Das Ei gehört neben Mehl und Zucker zu den drei Grundzutaten aller Backwaren. Abgesehen davon, dass Eier allein schon ein vollwertiges Lebensmittel darstellen, verfügen sie außerdem über viele wichtige Eigenschaften: Man kann sie zu Schaum schlagen, zum Andicken verwenden, als Emulgator, als Bindemittel und als Farbstoff. Damit sind sie für die Zubereitung von Desserts unentbehrlich.
Eier der Warenklasse A werden frisch verkauft und sind für den sofortigen Verzehr gedacht. Die Schale sollte sauber und unversehrt sein. Diese Eier unterscheidet man nach ihrer Größe: XL (große Eier mit 73 Gramm oder mehr); L (große Eier mit 63 bis 73 Gramm); M (mittelgroße Eier mit 53 bis 63 Gramm); und S (kleine Eier mit weniger als 53 Gramm).
Die Farbe der Eierschale (weiß oder braun) hat keinen Einfluss auf die Qualität des Eis, sondern hängt von der Hühnerart und dem verwendeten Futtermittel ab. Mit einem einfachen

Trick kann man prüfen, ob ein Ei frisch ist: Tauchen Sie das Ei in ein Glas mit Salzwasser. Wenn es frisch ist, wird es direkt auf den Boden sinken.

Für Desserts verwendet man:

Eigelb. Fast immer wird Eigelb zur Herstellung von Cremes, Mousse und anderen Desserts verwendet, bei denen es darauf ankommt, unterschiedliche Zutaten miteinander zu verbinden und geschmeidig zu machen.

Eiweiß. Es wird zum Backen und zur Herstellung von Desserts auf vielfältige Art verwendet. Geschlagenes Eiweiß hat die Fähigkeit, Emulsionen zu bilden und kommt in vielen Rezepten dieses Buches vor. Eiweiß kann von Hand (mit einem Schneebesen) oder mit den Rührstäben eines elektrischen Handrührgeräts aufgeschlagen werden.

Milchprodukte

Milch. Es gibt Vollmilch, Halbfettmilch und Magermilch. Der Unterschied liegt im Fett- und im Kaloriengehalt. Vollmilch enthält 3,7 Prozent Fett und 65 Kalorien auf 100 ml. Halbfettmilch enthält 1,8 Prozent Fett und 50 Kalorien auf 100 ml. Magermilch enthält nur 0,2 Prozent Fett und 33 Kalorien auf 100 ml. In Magermilch sind alle Bestandteile der Vollmilch enthalten, außer Fett und Cholesterol. Deshalb macht es einen Unterschied, welche Milch zur Herstellung eines Desserts verwendet wird. Dies beeinflusst die Textur, da die einzelnen Milchsorten unterschiedlich viel Wasser und Fett enthalten. Magermilch ergibt zum Beispiel einen besonders haltbaren Schaum, wenn sie mit einem Schneebesen oder einem Handrührgerät aufgeschlagen wird.

Je nach Art des Desserts kann Milch in Flüssigform, als Kondensmilch oder auch als Milchpulver verwendet werden. Milch gehört ebenfalls zu den Grundzutaten bei der Herstellung von Süßspeisen, wie zum Beispiel Kuchen, Flan, Pudding, Creme u. a.

Sahne. Sahne ist ein sehr fetthaltiges Milchprodukt (30 Prozent) und enthält fast 450 Kalorien pro 100 ml. Sahne kann mit oder ohne Zucker mit einem Schneebesen aufgeschlagen werden. Sie wird für die Zubereitung von Kuchen, Cremes und Mousse verwendet, außerdem eignet sie sich zum Verzieren von Desserts.

Butter. Butter ist als Fettquelle für viele Rezepte unentbehrlich, speziell in der Süßspeisenküche und für die Herstellung von Kuchenteig. Aber es ist wichtig, Butter mindestens 10 Minuten vor Beginn der Verarbeitung aus dem Kühlschrank zu nehmen, damit sie weich genug ist. Hochwertige Butter ist fest, hat eine zartgelbe Farbe und sollte gut verpackt im Kühlschrank aufbewahrt werden, damit sie nicht ranzig wird.

Joghurt. Joghurt entsteht durch bakterielle Fermentation von Milch, normalerweise auf Kuhmilchbasis. Er enthält dieselben Nährstoffe wie Milch, ist jedoch leichter verdaulich. Bei manchen Rezepten kann Joghurt wunderbar als Ersatz für Milch oder Sahne verwendet werden, er enthält außerdem weniger Kalorien (Vollmilchjoghurt 82, Magermilchjoghurt 57).

Käse. Je nach Art und Herkunft der Milch, der Reifungsdauer und Reifungsmethode gibt es viele unterschiedliche Käsesorten, die sich hervorragend für die Herstellung von Desserts eignen. Um nur kurz einige zu nennen: Jordi Roca empfiehlt zum Bei-

spiel Recuit oder Mató (spezielle katalanische Frischkäsearten, ähnlich wie Hüttenkäse oder Quark), Idiazábal (kräftiger Käse aus Schafmilch), Parmesan oder San Simón da Costa (Räucherkäse aus Galizien). Aus diesen Sorten lassen sich wunderbare Desserts herstellen. Idiazábal-Käse mit grünem Apfel ist die Grundlage für einen köstlichen Kuchen, Erdbeeren können hervorragend mit mildem Weichkäse kombiniert werden, eine Mousse au Chocolat kann man mit Simón-da-Costa-Käse verfeinern.

Der erste Schritt für die Zubereitung gelungener Desserts besteht darin, sich mit den Zutaten vertraut zu machen.

Sonstige Zutaten

Zitronensäure. Zitronensäure wird häufig für die Zubereitung von Desserts, Eis, Bonbons, Getränke usw. verwendet, da sie sich, neben anderen Eigenschaften, auch als Geliermittel eignet. Sie wird als Pulver oder in Flüssigform angeboten.

Agar-Agar. Ein pflanzliches Geliermittel, das aus Algen gewonnen wird (*Gelidium* und *Gracilaria*). Es ist farb- und geschmacksneutral und sehr gelierfähig. Die besondere Eigenheit von Agar-Agar besteht darin, dass es beim Erhitzen seine Struktur nicht verändert. Es ist in Streifen oder als Pulver erhältlich, normalerweise in Tütchen zu 2 Gramm (im Supermarkt) und kann für viele Desserts verwendet werden (Flan, Mousse, Creme, Gelee und Eis).

Traubenzucker. Auch unter der Bezeichnung Glukose bekannt. Die Süßkraft von Traubenzucker ist 0,5 bis 0,8 mal so hoch wie die von Zucker.

Speiseeis-Stabilisator. Gibt Eis eine festere Konsistenz und macht es haltbarer.

Gelatine. Gelatine hat einen hohen Nährwert, ist geschmacksneutral und wird aufgrund ihrer hohen Gelierfähigkeit häufig für die Zubereitung von Desserts verwendet (besonders für kalte Gelees, süß oder herzhaft). Sie eignet sich aber auch als Emulgator (zur Schaumherstellung). Gelatine ist als Blatt- (2 g pro Stück) und als Pulvergelatine im Handel und muss vor der Verwendung in kaltem Wasser eingeweicht werden.

Xanthan. Mit Xanthan kann die ursprüngliche Textur einer flüssigen Zutat verändert werden, die Flüssigkeit wird fest und klebrig, ohne dass ein Erhitzen nötig ist. Dadurch bleibt das volle Aroma erhalten.

Backpulver. Ein Emulgator auf der Basis von Natrium und anderen Bestandteilen, die einen Kuchenteig luftig machen und dazu führen, dass er beim Backen im Backofen aufgeht. Wird vor allem für die Zubereitung von Biskuit, Kuchen und Kleingebäck verwendet.

Likör. Auch alkoholische Getränke werden gern zur Herstellung von Desserts verwendet. Rum beispielsweise gibt tropischen Früchten eine leichte Karamellnote, Calvados schmeckt gut in Verbindung mit Äpfeln, Whisky lässt sich gut mit Vanille oder Pfirsich kombinieren (wegen der Geschmacksähnlichkeit). Schokolade lässt sich wunderbar mit Alkohol kombinieren, vor allem mit starkem Whisky, aber auch mit Calvados und Armagnac.

Pektin. Pektin ist ein starkes Geliermittel und passt besonders gut zu Obst.

Salz. Auch Salz gehört als Geschmacksverstärker in die Dessertküche. Es sollte natürlich sparsam dosiert werden, gibt aber manchen Rezepten den letzten Schliff. Auch für die Zubereitung von Biskuits und Baisers ist Salz unentbehrlich, da es die Schaumbildung von Eiweiß fördert.

Die Zubereitung mancher Desserts erfordert ein gewisses Maß an Geduld.

Eine perfekt ausgestattete Küche

Für die Zubereitung unserer Desserts ist es nicht nur wichtig, alle geeigneten Zutaten zur Hand zu haben, darüber hinaus sind auch die richtigen Gerätschaften erforderlich, um die Rezepte richtig umsetzen zu können.
Die wichtigsten Arbeitsgeräte

Arbeitsfläche. Beim Backen und bei der Dessertherstellung ist es sehr wichtig, auf einer guten Arbeitsfläche arbeiten zu können. Diese sollte vollkommen eben, glatt und fest sein, damit der Teig darauf gut geknetet und verarbeitet werden kann.

Ausstechformen. Es gibt Ausstechformen in allen Größen und Variationen, sie können aus Kunststoff oder aus Metall sein. Sie haben meistens eine scharfe Seite zum Ausstechen und eine stumpfe Seite zum Anfassen.

Backbleche. Backbleche aus Metall sorgen für eine gleichmäßige Verteilung der Hitze. Sie sind ideal zum Backen von Feingebäck und kleinen Kuchen oder Madeleines. Beschichtete Bleche sind leichter zu reinigen.

Backformen. Es gibt Backformen in den unterschiedlichsten Formen und Größen (rund, quadratisch, rechteckig, aber auch in anderen, ausgefalleneren Formen) sowie aus unterschiedlichen Materialien. Am besten geeignet sind jedoch Formen aus Edelstahl und aus Silikon. Achten Sie darauf, die Backformen sorgfältig zu pflegen, damit sie immer in möglichst gutem Zustand sind. Die Ergebnisse unserer Bemühungen hängen in großem Maße von der Qualität und vom Zustand der Backformen ab. Hier noch einmal eine kleine Aufstellung der gebräuchlichsten Modelle:

Runde Backform. Runde Backformen gehören zu den am häufigsten verwendeten Formen. Sie haben in der Regel einen Durchmesser von ca. 20 cm bei einer Höhe von 5 cm. Sehr zu empfehlen sind Backformen aus Jenaer Glas, Edelstahl und schwarzem Stahl. Sie eignen sich besonders zur Herstellung von Biskuit, Kuchen und Torten.

Quadratische Backform. Auch diese sind üblicherweise 20 × 20 cm groß und ca. 4–5 cm hoch. Sie sind besonders praktisch zur Herstellung von Brownies.

Napfkuchenform. Diese Formen sind rund und haben in der Mitte eine zylinderförmige Aussparung, damit der Teig innen und an den Seiten vollkommen gleichmäßig gebacken wird.

Springform. Springformen haben seitlich einen kleinen Hebelmechanismus, der das Auslösen des fertig gebackenen Kuchens erleichtert. Sie sind rund, am häufigsten werden Formen mit 23 cm Durchmesser verwendet. Formen aus rostfreiem Edelstahl, am besten mit einer Antihaftbeschichtung, sind besonders zu empfehlen.

Muffinform. Eine Muffinform ist meistens aus Edelstahl oder Silikon und enthält runde Vertiefungen für die Zubereitung von Muffins, Madeleines oder Flan.

Backpapier. Backpapier wird aus organisch abbaubarem Papier hergestellt, das chemisch beschichtet und dadurch wasserundurchlässig und beständig gegen hohe Temperaturen gemacht wird. Der Hauptvorteil besteht darin, dass die Lebensmittel nicht an der Unterlage kleben bleiben. Deshalb ist Backpapier praktisch für die Zubereitung aller Speisen, die im Ofen gebacken werden müssen, wie zum Beispiel Kleingebäck, Madeleines und Pizzen. Es gibt fertige Backpapierzuschnitte zu kaufen, die sehr einfach in der Anwendung sind. Sie müssen lediglich auf ein Backblech gelegt werden.

Handrührgerät. Das kann ein Schneebesen oder ein elektrisches Handrührgerät mit Rührstäben sein. Man braucht es zum Aufschlagen von Eigelb und Eischnee, zum Sahneschlagen und zur Herstellung von Cremes. Dabei ist es unerheblich, ob das Rührgerät feststehend ist, oder ob Sie ein Handrührgerät benutzen. Feststehende Geräte sind hilfreich, wenn die Masse sehr schwer oder schwer zu rühren ist.

Kuchengitter. Sehr praktisch, um frisch gebackenes Gebäck, Kuchen, Biskuit, Madeleines u. a. darauf abkühlen zu lassen und dann, ebenfalls auf dem Gitter, zu dekorieren.

Küchenreibe. Dieses einfache Küchengerät gibt es als Vierkantreibe (mit bis zu sechs verschiedenen Reibeflächen unterschiedlicher Schnittform und -größe) oder als Handreibe mit Griff.

Küchenthermometer. Die Verwendung eines Küchenthermometers ist empfehlenswert, um jederzeit die Temperatur der verarbeiteten Zutaten kontrollieren zu können. Es gibt verschiedene Arten von Thermometern, manche funktionieren mit einem Lasergerät, das eine Fernkontrolle ermöglicht.

Küchenwaage. Die meisten der Rezeptzutaten in diesem Buch sind in Gramm angegeben. Deshalb sollten Sie eine gut geeichte Küchenwaage zur Verfügung haben. Bei der Dessertherstellung (speziell bei Kuchen und Kleingebäck) müssen alle im Rezept angegebenen Mengenangaben präzise eingehalten werden, damit das Ergebnis gut gelingt.

Messbecher. Ein Messbecher sollte möglichst aus durchsichtigem Material sein (Plastik oder Glas), um den Inhalt besser sehen zu können.

Messer. Man braucht vier verschiedene Messer: Ein großes Messer (Chefmesser) von 20 bis 25 cm Länge, ein mittleres von 15–20 cm, ein Sägemesser von 20 bis 30 cm und ein kleines Schälmesser. Je hochwertiger diese Messer sind, desto haltbarer sind sie. Empfehlenswert sind Messer aus Edelstahl, die sich mithilfe eines Wetzstahls oder eines Schleifzylinders gut und ohne großen Aufwand schärfen lassen.

Nudelholz. Ein Nudelholz sollte aus glattem Holz gearbeitet sein. Es besitzt an beiden Enden einen schmalen Griff und sollte immer in einwandfreiem Zustand gehalten werden. Die Oberfläche darf bei der Reinigung nicht zerkratzt werden. Damit sich das Holz mit der Zeit nicht verzieht, darf es nicht lange im Wasser liegen, sondern sollte einfach mit einem feuchten Tuch gereinigt und dann abgetrocknet werden. Es gibt unterschiedlich große Nudelhölzer, allerdings müssen sie schwer genug sein, damit sich der Teig gut ausrollen lässt.

Auflaufformen. Sie sind unentbehrliche Helfer bei der Zubereitung von Süßspeisen, die im heißen Ofen gebacken werden.

Pinsel. Es gibt Backpinsel in verschiedenen Größen und Stärken. Sie müssen nach dem Gebrauch stets gründlich gereinigt werden (mit heißem Wasser und Spülmittel), damit kein Geschmack von einem Lebensmittel zum anderen übertragen wird.

Rotaval. Mit diesem Elektrogerät können Sie aus festen Stoffen wie Kakao, Kaffee, Erde und alkoholischen Produkten flüssiges Destillat herstellen. Das Ergebnis ist eine Reduktion, und wenn das Gerät bei genügend niedrigem Druck verwendet wird, findet so gut wie überhaupt kein Kochvorgang statt.

Rührschüsseln. Sie können aus Porzellan, Plastik, Edelstahl oder aus Glas sein und sollten eine runde Form haben, damit nichts in den Ecken hängenbleibt. Die Schüsseln sollten immer groß genug sein, damit der Inhalt nicht über den Rand spritzt.

Saftpresse. Eine elektrische Saftpresse oder eine Handpresse ist hilfreich zum Auspressen von Zitrusfrüchten (Orangen, Zitronen, Limetten, Grapefruit usw.).

Schaumsiphon. Ein Sahneschlaggerät aus Edelstahl, in das komprimierte Luft gefüllt wird (Patronen). Diese Siphons gibt es in zwei verschiedenen Größen (1/2 l und 1 l). Die Verwendung ist ganz einfach: Der Behälter wird mit den entsprechenden flüssigen Zutaten befüllt und fest zugeschraubt. Dann wird die Luftpatrone angebracht, kräftig geschüttelt und nach Belieben Schaum entnommen. Mit einem solchen Siphon kann man jede Art Schaum (süß und salzig) zubereiten, ohne dass dafür Milchprodukte oder Eier nötig sind.

Sieb. Ein einfaches Sieb oder ein Mehlsieb dient zum Sieben von Mehl sieben, entweder einzeln oder schon gemischt mit den anderen trockenen Zutaten, wie Backpulver, Trockenhefe … Man braucht es auch, um Kuchen, Gebäck und Kekse mit Zucker oder Kakao zu bestäuben. Als Ersatz für ein kleines Sieb (aus Plastik oder Metall) kann auch ein einfaches großes Küchensieb benutzt werden.

Silpat. Eine flexible, nicht haftende, hitzebeständige Matte aus Silikon. Sie wird auf ein Backblech gelegt und verhindert, dass der Teig festklebt. Diese Matten sind vor allem hilfreich, wenn das Gebäck sehr zerbrechlich ist und nach dem Backen noch weiterverarbeitet werden soll.

Spatel und Teigabstecher. Mit einem Spatel aus Plastik, Metall oder Silikon kann man Teig oder eine Creme vollständig aus der Schüssel auskratzen und problemlos in ein anderes Gefäß füllen.

Spritzbeutel. Spritzbeutel können aus Stoff (mit Plastik beschichtet oder unbeschichtet), aus einmal verwendbarer Plastikfolie oder aus anderem Material wie z. B. Polyester hergestellt sein. Der Beutel hat auf der einen Seite eine große Öffnung, hier wird die Spritzmasse eingefüllt, am anderen, kleineren Ende können verschiedene Spritztüllen aufgesetzt werden.

Standmixer. Mithilfe kleiner, sich drehender Messer kann im Standmixer bei variabler Geschwindigkeit Obst zerkleinert und verflüssigt werden. Man kann flüssige Zutaten darin mixen und Eiswürfel zerkleinern.

Kneten. Diese Technik wird verwendet, um Teige auf Mehlbasis mit anderen flüssigen Zutaten zu mischen und homogen zu verarbeiten. Dies erfolgt normalerweise von Hand, jedenfalls bei kleineren Teigmengen. Bei großen, schweren Teigen kann eine elektrische Küchenmaschine oder ein Handrührgerät verwendet werden, mit dessen Hilfe die entsprechende Zutat in den Teig eingearbeitet wird.

Kochen mit Flüssigstickstoff. Durch den Einsatz von Flüssigstickstoff in der Küche können überraschende, ungewöhnliche Texturen erzielt werden. Mithilfe dieser Methode können Lebensmittel bei extrem niedrigen Temperaturen (–195 °C) in kürzester Zeit schockgefrostet werden, ohne dass sich Eiskristalle bilden.

Kochen. Die einfachste Methode zum Garen von Lebensmitteln (z. B. Obst) für Gelees und Marmelade ist das Kochen. Dabei unterscheidet man zwischen dem Schmoren (mit Deckel, um zu verhindern, dass die Flüssigkeit verdampft, und mit eher flüssigem Resultat) und dem Kochen mit geregelter Verdampfung (ohne Deckel, um weniger wässrige Speisen zu erhalten). Der Hauptvorteil des Kochens besteht darin, dass kein Fett verwendet werden muss und dass die Speisen dadurch leichter und besser verdaulich werden. Andererseits verlieren manche Lebensmittel beim Kochen an Geschmack. Dem kann man teilweise entgegenwirken, indem man die Kochzeit verringert.

Reduzieren. Bei dieser Methode werden Lebensmittel durch Kochen verdickt oder Flüssigkeiten eingekocht, indem man sie so lange kochen lässt, bis die Flüssigkeit verdampft. Auf diese Weise können Geschmack und Volumen der Speise konzentriert und auf den Punkt gebracht werden. Dies geschieht hauptsächlich bei der Herstellung von Saucen und Cremes.

Rühren. Durch Rühren werden unterschiedliche Zutaten miteinander vermischt. Dazu verwendet man ein Rührgerät (Schneebesen oder Handrührgerät), einen Kochlöffel, eine einfache Gabel oder einen Löffel, je nach Konsistenz und Menge der Zutaten.

Schäumen. Ein mit Druckluft gefüllter Siphon eignet sich zur Herstellung von Schaum (kalt oder warm) für originelle Desserts. Diese Technik stammt aus der Molekularküche und ermöglicht eine Weiterentwicklung der klassischen Mousse mit weitaus vielfältigeren Möglichkeiten.

Stürzen. Es ist recht einfach, ein Gelee zuzubereiten. Beim Stürzen auf den Teller kann es jedoch etwas schwieriger werden. Dazu gibt es ein paar hilfreiche Tricks: Zum Beispiel können Sie die Form in heißes Wasser tauchen (ungefähr bis zur Hälfte), damit durch die Wärme die äußere Schicht Gelee schmilzt und die Speise sich leichter aus der Form löst. Danach brauchen Sie sie nur noch mit einem scharfen Messer vom Rand der Form zu lösen. Dann legen Sie einen Teller auf die Form und stürzen mit einer schnellen Bewegung das Gelee.
Um einen Biskuitboden oder einen Kuchen leicht aus der Form lösen zu können, sollte diese gut eingefettet und mit Mehl bestäubt werden (am Boden und an den Rändern). Danach kann der Teig eingefüllt werden und bleibt beim Backen nicht an der Form haften. Wenn Sie den Kuchen nach dem Backen noch 5 Minuten bei Zimmertemperatur stehen lassen, löst er sich ebenfalls leichter aus der Form.
Es gibt praktische Küchenhelfer, wie zum Beispiel Silpatmatten, Backpapier und die verschiedensten antihaftbeschichteten Formen, die das Stürzen erleichtern.

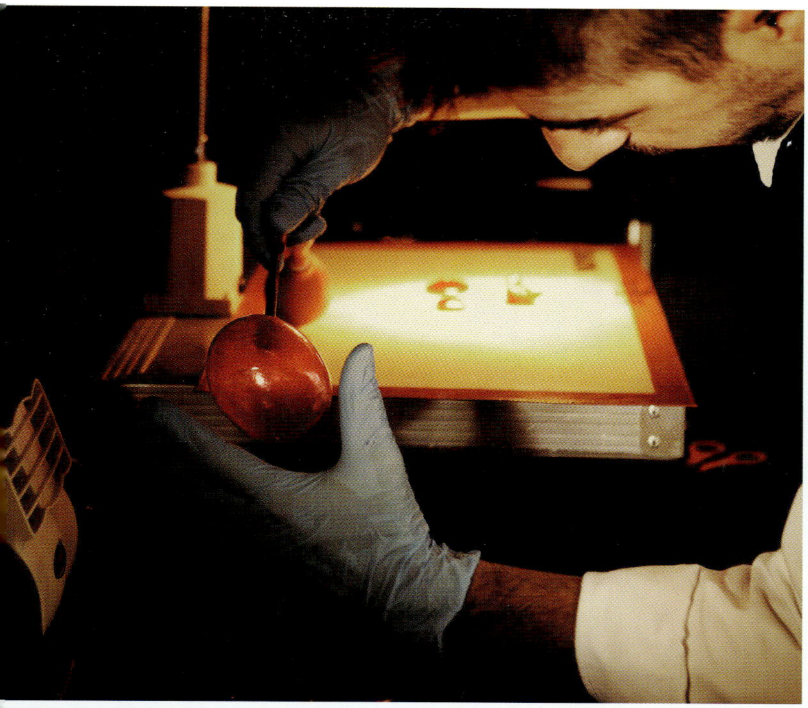

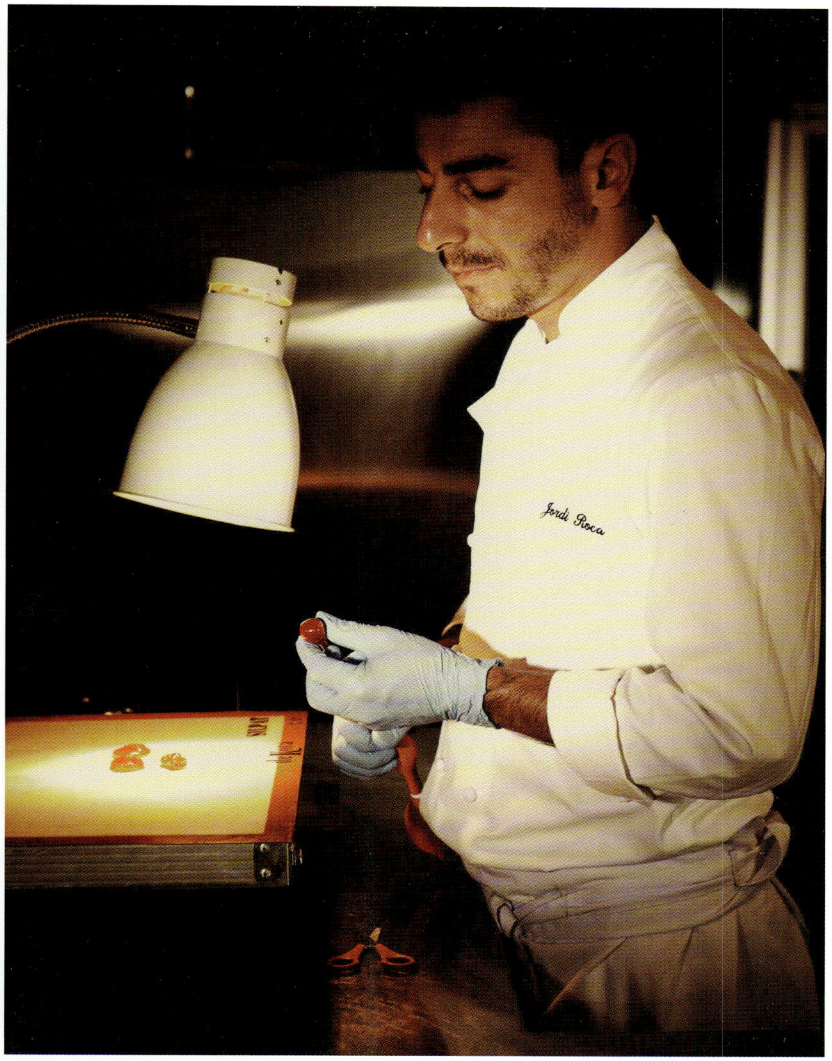
Jordi Roca

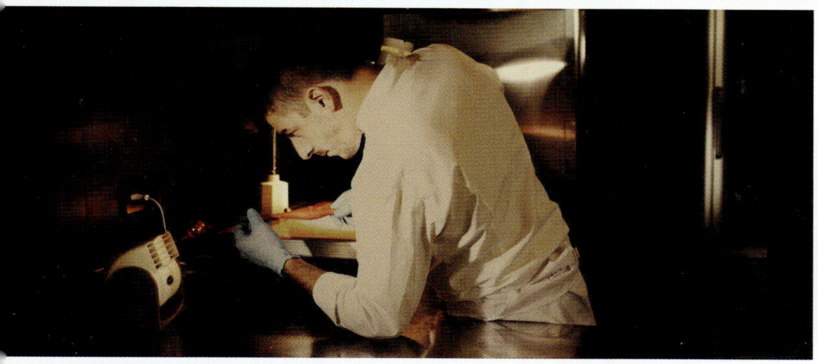

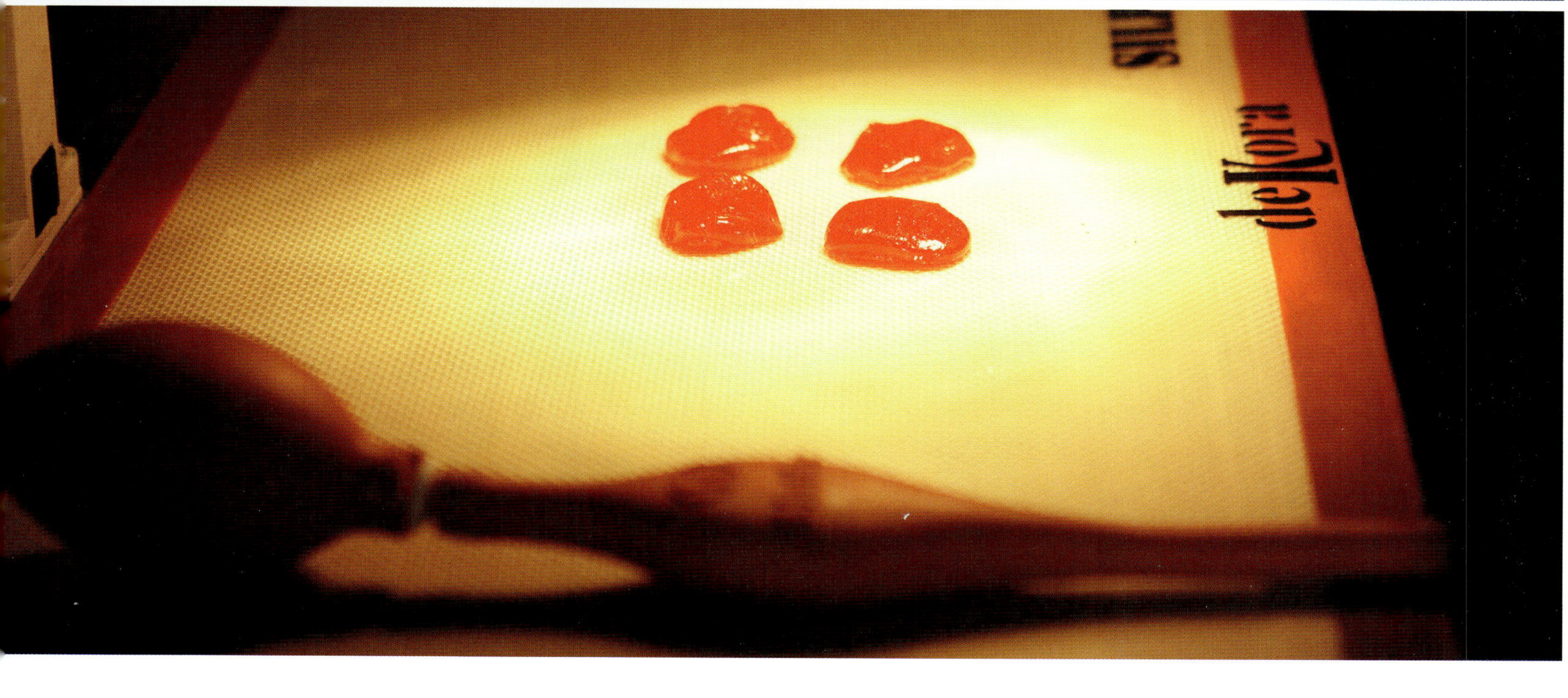

JORDI ROCAS
REZEPTE

FRÜHLING

Muscovadozucker oder Muskovade ist ein aus Zuckerrohr gewonnener, nur geringfügig raffinierter brauner Zucker. Er ist auch unter der Bezeichnung Barbados-Zucker oder Feuchtzucker bekannt und in gut sortierten Supermärkten sowie im Onlinehandel erhältlich. Er hat einen intensiven, leicht herben Geschmack. Falls Sie keinen Muscovadozucker bekommen, können Sie ersatzweise auch Roh- oder Vollrohrzucker verwenden.

Flüssigstickstoff (LN2) ist Stickstoff in flüssigem Aggregatzustand, der unter Normaldruck eine Siedetemperatur von −196 °C hat. In der Küche wird Flüssigstickstoff vor allem verwendet, um Temperaturkontraste zu erzeugen, außerdem zum Schockfrosten und für die Zubereitung alkoholhaltiger Sorbets (siehe auch: Arbeitstechniken).

Speiseeis-Stabilisator wird eingesetzt, um feste, widerstandsfähige Texturen herzustellen. Erhältlich im Fachhandel oder in guten Speiseeismanufakturen.

Carrageen (von irisch *carraigín*, »kleiner Fels«) ist ein pflanzliches Verdickungs- und Geliermittel (Lebensmittelzusatzstoff E 407), das mithilfe von heißem Wasser aus Rotalgen gewonnen wird. Unter dem Markennamen **Kappa** ist es in Pulverform erhältlich: Man kann damit Speisen bei niedriger Temperatur sehr schnell verfestigen und auf diese Weise geleeförmige Überzüge und Glasuren herstellen.

DIE VANILLE

6 Personen | 2 Stunden | Schwierigkeitsgrad: Hoch

Für das Vanilleeis:
500 ml Milch
300 g Sahne
60 g Magermilchpulver
100 g Muscovadozucker
(oder Vollrohrzucker)
100 g Traubenzucker
2,5 g Speiseeis-Stabilisator
4 Eigelb (pasteurisiert)
25 g Vanillepulver
11 Vanilleschoten (Tahiti-
Vanille)

Für den Biskuit:
600 g Butter
740 g Zucker
400 g Mehl
400 g Mandelmehl
20 g Backpulver
5 Eier
5 Eigelb
Mark von 6 Vanilleschoten
(Bourbon-Vanille)

Für das Baiser:
6 Eiweiß
300 g Zucker

Für die Lakritzcreme:
5 Blatt Gelatine
1 kg Sahne
100 g Zucker
50 g Süßholzwurzel
Flüssigstickstoff

Für das Karamellgelee:
200 g Zucker
500 ml Wasser
8 g Kappa-Carrageen
(pflanzliches Geliermittel,
s. linke Seite)

1 Für das Vanilleeis Milch, Sahne und Milchpulver in einem Topf verrühren und auf dem Herd auf 70 °C erhitzen (mit einem Küchenthermometer kontrollieren).

2 Muscovadozucker, Traubenzucker, Speiseeis-Stabilisator, Eigelbe und Vanillepulver hinzugeben und unter ständigem Rühren auf 85 °C erhitzen. Vom Herd nehmen, die aufgeschlitzten Vanilleschoten dazugeben und 5 Minuten zugedeckt ziehen lassen.

3 Für 12 Stunden in den Kühlschrank stellen. Anschließend durch ein Sieb gießen und wie auf S. 66 beschrieben zu Speiseeis verarbeiten. Danach ins Gefrierfach stellen.

4 Für den Biskuit die Butter aus dem Kühlschrank nehmen, damit sie zimmerwarm und weich wird.

5 Butter und Zucker mit einem Handrührgerät zu einer weißen, cremigen Masse aufschlagen.

6 Die beiden Mehlsorten mit dem Backpulver mischen und sieben.

7 Das Mehl vorsichtig unter die Butter-Zucker-Masse rühren.

8 Unter ständigem Rühren Eier und Eigelbe dazugeben.

9 Die Vanilleschoten aufschlitzen und auskratzen, das Mark unter den Teig mischen und alles gründlich verrühren. Beiseitestellen.

10 Für das Baiser die Eiweiße steif schlagen und nach und nach den Zucker einrieseln lassen. Den Eischnee mit einem Spatel vorsichtig unter den restlichen Teig heben. Achten Sie darauf, dass die Masse nicht zusammenfällt.

11 In eine Briocheform füllen und im Backofen bei 170 °C 30 Minuten backen.

12 Nach dem Backen aus der Form lösen, abkühlen lassen und in kleine Stücke (ca. 2 cm) schneiden. Beiseitestellen.

13 Für die Lakritzcreme die Gelatine in kaltem Wasser einweichen. Die Sahne und den Zucker in einem Topf zum Kochen bringen. Vom Herd nehmen und das Süßholz dazugeben. 10 Minuten ziehen lassen, durch ein Sieb gießen. Die Gelatine ausdrücken und unter die noch warme Flüssigkeit rühren.

Für die kandierten Oliven:
200 g schwarze Oliven
70 ml Wasser
30 g Zucker

Für das schwarze Olivenöl:
100 ml Sonnenblumenöl
20 g getrocknete schwarze Oliven

14 Anschließend den Flüssigstickstoff in einen wärmeisolierten Spezialbehälter (erhältlich im Fachhandel) oder in einen Styroporbehälter füllen. Benutzen Sie dazu Schutzhandschuhe und vermeiden Sie Hautkontakt! Mithilfe einer Tropfflasche die warme Creme auf den Stickstoff tröpfeln. Die Tropfen mit einem Sieb aus der Flüssigkeit schöpfen und die fertigen Kugeln in einem Eisbehälter ins Gefrierfach stellen. Der Stickstoff beeinflusst nur die Konsistenz der Creme, nicht aber ihren Geschmack. Sie können allerdings auch ohne Stickstoff ein ähnlich gutes Ergebnis erzielen.

15 Für das Karamellgelee den Zucker in einem kleinen Topf erhitzen. Sobald sich Rauch entwickelt, den Topf vom Herd nehmen, nach und nach das Wasser und zum Schluss das Geliermittel unterrühren. Noch einmal aufkochen lassen, in einen Plastikbehälter füllen und beiseitestellen.

16 Das fest gewordene Gelee in kleine Würfel schneiden. Beiseitestellen.

17 Für die kandierten Oliven die Oliven vierteln und bei 60 °C über Nacht im Backofen trocknen. Am nächsten Tag 100 g zum Kandieren abnehmen und beiseitestellen.

18 Zucker und Wasser verrühren und zu einem dickflüssigen Sirup einkochen lassen.

19 Die restlichen getrockneten Oliven dazugeben und umrühren, bis die Mischung kristallisiert und sich unregelmäßige Bröckchen bilden. Weiterrühren, bis die Masse karamellisiert. In einem luftdicht verschließbaren Plastikbehälter aufbewahren.

20 Für das Olivenöl in einem Standmixer das Sonnenblumenöl und die schwarzen Oliven mixen, bis sich eine glatte schwarze Flüssigkeit bildet.

21 Auf einem flachen, rechteckigen Teller die Lakritzcremekugeln, das Karamellgelee, die kandierten Oliven und das schwarze Olivenöl anrichten und mit etwas Kakaopulver bestäuben. Auf die andere Seite des Tellers den Vanillebiskuit mit einer halben Kugel Vanilleeis geben. Um das Eis zu formen, mit zwei Suppenlöffeln längliche Halbkugeln ausstechen.

Tipp
Damit selbst gemachtes Eis schön cremig wird, stellen Sie es ins Gefrierfach und rühren Sie alle halbe Stunde um, sodass sich keine Kristalle bilden. Wiederholen Sie den Vorgang so lange, bis das Eis schön cremig ist.

POSTRE LÁCTICO – SCHAUMDESSERT AUS SCHAFMILCH

6 Personen | 2 Stunden | Schwierigkeitsgrad: Hoch

Für die Guaven-Kara-mell-Scheiben:
500 g Guavenpüree (aus 1 kg Frucht). Sie können auch tiefgefrorenes fertiges Guavenmark verwenden, der Geschmack ist intensiver, weil die Früchte in ihrem perfekten Reifezustand verarbeitet werden.
100 g Zucker

Für die Milchcreme (Dulce de leche):
1 l Schafmilch
500 g Zucker
1 Messerspitze Natron

Für den Schaum:
500 g Schafsfrischkäse (Recuit)
500 g Sahne

Für das Eis:
500 g Sahne
500 ml Milch
100 g Invertzucker
200 g Zucker
100 g Traubenzucker
5 g Speiseeis-Stabilisator
500 g Schafsfrischkäse (Recuit)

Für das Wölkchen:
etwas Zucker
etwas Milchpulver

Zum Anrichten:
etwas Schafsjoghurt

1 Für die Guaven-Karamell-Scheiben 100 g Guavenpüree oder -mark und 100 g Zucker in einem Topf erhitzen. Gut umrühren, bis alle Zutaten vollständig gelöst sind. Dann das restliche Fruchtmark dazugeben, verrühren und die Masse vorsichtig auf eine Silikonmatte streichen, anschließend einfrieren.

2 Für die Milchcreme die Schafmilch und den Zucker erhitzen und einkochen lassen, bis die Flüssigkeit eine goldbraune Farbe annimmt.

3 Das Natron hinzugeben und unter ständigem Rühren weiter einkochen lassen. Abkühlen lassen.

4 Für den Schaum den Schafsfrischkäse (Recuit) mit der Sahne verrühren und die Mischung in einen Espuma-Siphon füllen.

5 Für das Eis die Sahne mit der Milch und dem Invertzucker in einem Topf zum Kochen bringen. Zucker, Traubenzucker und Speiseeis-Stabilisator hinzufügen. Auf 85 °C erhitzen (mit einem Küchenthermometer kontrollieren) und bei gleich bleibender Temperatur pasteurisieren. Dabei ständig mit einem Spatel umrühren. Die Masse durch ein Sieb gießen, abkühlen lassen, dann den Frischkäse dazugeben und gut verrühren. Für 12 Stunden in den Kühlschrank stellen. Anschließend die Masse in eine Eismaschine geben und bei –18 °C einfrieren.

6 Für das Wölkchen Zucker in eine Zuckerwattemaschine füllen, die fertige Watte mit Milchpulver überziehen.

7 Zum Servieren etwas Milchcreme in einen tiefen Teller gießen. In die Mitte eine Kugel Frischkäse-Eis geben, darauf den Milchschaum, in den eine Scheibe Guavenkaramell gesteckt wird. Die Wölkchen ringsherum setzen und das Ganze mit etwas Schafs-joghurt abrunden.

Recuit ist eine Frischkäsespezialität aus dem Norden Kataloniens. Der Käse wird in Handarbeit hergestellt, ganz frisch in eine dünne, mit Molke getränkte Gaze eingewickelt und kommt so in den Handel. Auf diese Weise bleiben Textur und Geschmack besonders gut erhalten.

Mit einer **Zuckerwattemaschine** lässt sich das leckere Wölkchen schnell und einfach herstellen.

ZEN-GARTEN

Für die Creme:
3 Blatt Gelatine
300 ml Milch
500 g Sahne
5 Eigelb
200 g Honig
75 g Maisstärke (Maizena)
100 ml Orangenblütenwasser

Für das Gelee:
75 ml Flüssigglukose
75 g Invertzucker
500 ml Hibiskusinfusion
50 ml Rosenwasser
550 g Zucker
15 g Pektin
7,5 g Zitronensäure

Für die Konfitüre:
500 ml Wasser
einige Jasminblüten
200 g Zucker
10 g Pektin
Saft von 1 Zitrone

Für das Eis:
50 g Milchpulver
140 g Traubenzucker
50 g Zucker
7 g Speiseeis-Stabilisator
200 g Sahne
600 ml Milch
30 g Invertzucker
50 g japanischer Blütentee

Für den Zucker:
200 g Isomalt
30 g Grünteepulver

Zum Anrichten:
Mandelblüten
Rosen
Stiefmütterchen
Rosmarinblüten
Nelken
Safranblüten

4 Personen | 1 Stunde | Schwierigkeitsgrad: Mittel

1 Für die Creme die Gelatine in kaltem Wasser einweichen. Milch und Sahne in einem Topf zum Kochen bringen. Währenddessen Eigelbe und Honig in einer Schüssel mit einem Handrührgerät aufschlagen, dann die Maisstärke unterrühren. Unter ständigem Rühren die Milch dazugeben, schließlich die ausgedrückte Gelatine und das Orangenblütenwasser unterrühren. Diese Creme durch ein feines Sieb gießen und in den Kühlschrank stellen.

2 Für das Gelee zuerst in einem Topf die Glukose und den Invertzucker in der Hibiskusinfusion und dem Rosenwasser auflösen. 50 g Zucker und das Pektin hinzufügen und alles zum Kochen bringen. Den restlichen Zucker (500 g) und die Zitronensäure unterrühren. Auf 106 °C erhitzen (mit einem Küchenthermometer kontrollieren), auf ein tiefes Backblech oder in eine Form gießen und fest werden lassen.

3 Für die Konfitüre eine Infusion aus Wasser und Jasmin herstellen. Den mit dem Pektin gemischten Zucker dazugeben und die Mischung zum Kochen bringen. Zum Schluss den Zitronensaft unterrühren.

4 Für das Eis Milchpulver, Traubenzucker, Zucker und Speiseeis-Stabilisator mischen. In einem Topf die Sahne mit der Milch und dem Invertzucker erhitzen. Bei einer Temperatur von 85 °C den japanischen Tee dazugeben und die Infusion ca. 10 Minuten ziehen lassen. Vollständig abkühlen lassen und für 12 Stunden in den Kühlschrank stellen. Anschließend das Eis in einer Sorbetmaschine weiterverarbeiten. Sollten Sie keine Sorbetmaschine haben, können Sie die Mischung auf einem tiefen Blech oder in einem geeigneten Plastikbehälter einfrieren, zwischendurch immer wieder umrühren, bis die Konsistenz eines Sorbets erreicht ist.

5 Für den Grüntee-Zucker die Zutaten in einem Standmixer zu Pulver verarbeiten.

6 Zum Servieren zuerst den Grüntee-Zucker auf einen Teller streuen und mit einer Gabel im Stil eines japanischen Zen-Gartens harken. Die übrigen Bestandteile (Creme, Gelee, Konfitüre, Eis und Blütenblätter) nach der Inspiration des Augenblicks harmonisch auf dem Teller arrangieren.

Pektin ist ein natürliches Geliermittel, das in verschiedenen Obstsorten (Äpfel, Zitrusfrüchte …) vorkommt und als Bindemittel bei der Herstellung von Marmeladen, Gelees und Torten verwendet wird.

Zitronensäure ist ein farbloser, leicht saurer Kristall, der in fast allen Obstsorten, speziell aber in Zitrusfrüchten vorkommt. In der Kuchen- und Tortenherstellung wird Zitronensäure als Konservierungsmittel und zur Kontrolle des pH-Werts im Wasser verwendet. In diesem Rezept kommt sie als Katalysator für das Pektin zum Einsatz und sorgt dafür, dass die Speise fest wird.

Isomalt ist ein Zuckeraustauschstoff, der aus der Zuckerrübe gewonnen wird und nur halb so viele Kalorien enthält wie Zucker.

SORBET AUS ZITRONENSCHALEN-DESTILLAT

8 Personen | 1 Stunde | Schwierigkeitsgrad: Hoch

Für die Zitronencreme:
1 Blatt Gelatine
200 ml Zitronensaft
1 Ei
2 Eigelb
50 g Zucker
90 g kalte Butter, in Stücken

Für die Madeleine:
5 Eier
130 g Honig
245 g Mehl
120 g Puderzucker
10 g Backpulver
50 ml Milch
200 g Butter, zerlassen
20 g Zitronenverbene
15 g Zitronenverbenenpulver
1 Prise Salz

Für die kandierte Minze:
1 Blatt Gelatine
1 Eiweiß
Zucker
frische Minzeblättchen

Für das Zitronenwasser:
1 l Wasser
Schale von 6 unbehandelten Zitronen

Außerdem:
etwas confierte Zitrone, gewürfelt
frische Minzeblättchen
Flüssigstickstoff

1 Für die Zitronencreme die Gelatine in kaltem Wasser einweichen. Den Zitronensaft mit dem Ei, den Eigelben und dem Zucker in einem Topf verrühren und unter ständigem Rühren auf 85 °C erhitzen (Temperatur mit einem Küchenthermometer kontrollieren). Vom Herd nehmen und die ausgedrückte Gelatine hinzugeben. Auf ca. 40 °C abkühlen lassen und die Butter dazugeben. Alle Zutaten mit einem Handrührgerät gründlich verrühren und die Creme in den Kühlschrank stellen.

2 Für die Madeleine zunächst Zitronenverbene und Zitronenverbenenpulver in der Milch ziehen lassen. Eier und Honig in einem Standmixer auf niedriger Stufe verrühren. Nacheinander das gesiebte Mehl, Puderzucker, Backpulver, Salz, die zerlassene Butter und die Zitronenverbenen-Milch-Infusion unterrühren. Für 12 Stunden in den Kühlschrank stellen.

3 Den Madeleine-Teig auf einem tiefen, mit Backpapier ausgelegten Backblech verstreichen. Bei 180 °C etwa 7 Minuten backen. Kurz im Gefrierschrank einfrieren und dann in kleine Würfel schneiden. Beiseitestellen.

4 Für die kandierte Minze die Gelatine in kaltem Wasser einweichen, dann in der Mikrowelle erwärmen und schließlich das Eiweiß unterrühren. Die Minzeblätter in die noch warme Mischung tauchen und rundum mit Zucker überziehen. Bei Zimmertemperatur einige Stunden trocknen lassen.

5 Für das Zitronenwasser das Wasser und die Zitronenschale in den Becheraufsatz des Rotaval geben (vgl. Kapitel Arbeitsgeräte). Auf 45 °C einstellen und die Flüssigkeit in der Maschine destillieren lassen, dann das Zitronenwasser beiseitestellen. Sie können aber auch ein Zitronensorbet auf herkömmliche Art herstellen.

6 Zum Schluss einen Teelöffel Zitronencreme in einem tiefen Teller anrichten, darauf einige Stückchen der Verbenenmadeleine verteilen. Kurz vor dem Servieren das Zitronenwasser mit dem Flüssigstickstoff zu einem Sorbet aufschlagen. Verwenden Sie dazu einen speziellen wärmeisolierten Behälter, der für das Arbeiten mit Flüssigstickstoff geeignet ist (erhältlich im Fachhandel), oder einen Styroporbehälter. 100 ml Zitronenwasser in diesen Behälter füllen, unter ständigem Rühren nach und nach den Stickstoff dazugeben, bis das Zitronenwasser die Konsistenz eines Sorbets annimmt. Den Teller zum Abschluss mit einigen Minzeblättchen und confierten Zitronenstücken garnieren.

VARIATION EINES PARFUMS VON CAROLINA HERRERA

4 Personen | 40 Minuten | Schwierigkeitsgrad: Hoch

Für die Passionsfrucht-creme:
2,5 Blatt Gelatine (à 2 g)
500 g Passionsfruchtmark
100 g Eigelb
125 g Zucker
225 g Butter

Für das Gelee:
1 g Agar-Agar (Pulver)
250 ml Mineralwasser
125 g Zucker
Mark von 1 Vanilleschote
½ Tonkabohne, gerieben

Für die Waldbeeren-infusion:
500 g Waldbeeren
50 g Zucker

Für die weiße Karamell-masse:
200 g Fondant
50 g Isomalt
50 g Glukose

Zum Anrichten:
essbare Blumen
einige Waldbeeren

1 Für die Creme die Gelatine in kaltem Wasser einweichen. Das Passionsfruchtmark in einem Topf zum Kochen bringen. Eigelb und Zucker im Wasserbad zu einer weißlichen Creme aufschlagen und das Fruchtmark nach und nach unterrühren, dann die Masse unter ständigem Rühren auf 85 °C erhitzen. Sofort vom Herd nehmen, die ausgedrückte Gelatine unterrühren und abkühlen lassen.

2 Sobald die Masse auf 40 °C abgekühlt ist, die Butter nach und nach unterrühren und die Creme beiseitestellen.

3 Für das Gelee Agar-Agar in Mineralwasser auflösen, Zucker, Vanillemark und die geriebene Tonkabohne unterrühren und alles in einem Topf kurz aufkochen. Anschließend in eine flache Form gießen und fest werden lassen. Das fertige Gelee in Stücke teilen.

4 Für die Infusion die Beeren klein schneiden und in einer Schüssel mit dem Zucker verrühren. Die Schüssel mit Frischhaltefolie abdecken und im Wasserbad auf kleiner Flamme garen. Abkühlen lassen und beiseitestellen.

5 Für die Karamellmasse die Zuckersorten auf 160 °C erhitzen und auf einer Silikon-backmatte abkühlen lassen. Dann im Thermomix zerkleinern. Eine kleine Menge davon auf ein mit einer Silikonmatte ausgelegtes Backblech sieben und im Backofen 2 Minuten erhitzen. Aus dem Ofen nehmen und aus der Karamellplatte einen Hohl-körper formen.

6 Zum Servieren den Karamellkörper und einige Waldbeeren auf die Creme setzen, mit etwas Infusion, Gelee- und Karamellstücken garnieren und mit Blütenblättern bestreuen.

CUAJADA MIT GETROCKNETEN FRÜCHTEN

4 Personen | 50 Minuten | Schwierigkeitsgrad: Mittel

Für die Cuajada (Dick-milch):
500 ml Milch
6 Tropfen Lab

Für die getrockneten Früchte:
500 ml Wasser
300 g Zucker
1 Apfel
1 Birne
1 Mango

Weitere Zutaten:
frische Obststückchen
Blütenblätter

1 Für die Cuajada in einem Topf die Milch auf ca. 70–80 °C erhitzen. Achtung: Bei einer Temperatur von über 85 °C kann die Milch nicht mehr gerinnen.

2 Das Lab dazugeben und mehrere Dessertförmchen zur Hälfte mit dieser Flüssigkeit füllen. Für etwa 2 Stunden in den Kühlschrank stellen.

3 Für die getrockneten Früchte in einem Topf das Wasser mit dem Zucker zum Kochen bringen. In der Zwischenzeit das Obst schälen und mit einer Mandoline oder einem Gemüsehobel in dünne Scheiben schneiden. Sobald der Sirup zu kochen anfängt, die Obstscheiben dazugeben, vom Herd nehmen und beiseitestellen.

4 Den Backofen auf 120 °C vorheizen. In der Zwischenzeit die Obstscheiben abtropfen lassen und auf ein mit einer Silikonbackmatte ausgelegtes Backblech setzen.

5 2 bis 3 Stunden im Ofen trocknen lassen, bis das Obst fest und schön knusprig ist.

6 Zum Schluss die getrockneten Fruchtscheiben in die Schälchen mit der Cuajada stecken und ein paar frische Obststückchen und Blütenblätter darauflegen.

VANILLECREME MIT ERDBEEREN

4 Personen | 1 Stunde | Schwierigkeitsgrad: Mittel

Für die Creme:
375 g Sahne
125 ml Milch
1 Ei
5 Eigelb
50 g Zucker
1 Vanilleschote

Für die Infusion:
1 kg Erdbeeren
100 g Zucker

Für die getrockneten Erdbeeren:
10 Erdbeeren

1 Für die Creme die Sahne, die Milch und die aufgeschlitzte, ausgekratzte Vanilleschote in einem Topf zum Kochen bringen. In einer Schüssel mit einem Handrührgerät das ganze Ei, die Eigelbe und den Zucker cremig aufschlagen.

2 Den Inhalt der beiden Gefäße gut miteinander verrühren und durch ein Sieb in mit Alufolie ausgelegte Flanformen gießen (durch die Alufolie lässt sich die Creme anschließend besser aus der Form lösen).

3 Im Backofen bei 150 °C ca. 45 Minuten im Wasserbad garen, bis die Creme eine goldbraune Farbe annimmt. Abkühlen lassen und in den Kühlschrank stellen.

4 Die Erdbeeren halbieren und zusammen mit 100 g Zucker in eine Schüssel geben. Diese Schüssel sollte denselben Durchmesser haben wie der Topf, in dem die Infusion zubereitet wird. Sobald die Flüssigkeit zu kochen anfängt, die Schüssel mit den Erdbeeren mit Frischhaltefolie verschließen und oben auf den offenen Topf setzen. Auf diese Weise können die Erdbeeren 1 Stunde lang im Wasserdampf gegart werden. Danach den Saft der gedämpften Erdbeeren durch ein Sieb gießen und die Infusion beiseitestellen.

5 Die restlichen Erdbeeren in Scheiben schneiden, auf ein mit einer Silikonbackmatte ausgelegtes Backblech legen und bei 120 °C ca. 2 Stunden im Ofen trocknen lassen.

6 Die Creme auf einen tiefen Teller stürzen, mit Zucker bestreuen und mit einem Bunsenbrenner abbrennen. Die getrockneten Erdbeeren ringsherum in die Creme stecken und zum Schluss mit dem Erdbeersaft begießen.

Tipp
Um die Kochzeit der Creme zu verkürzen, achten Sie darauf, dass das Wasser für das Bain-Marie heiß genug ist, wenn Sie die Formen hineinstellen.

TERRINE AUS PINIENKERNMILCH

4 Personen | 50 Minuten | Schwierigkeitsgrad: Mittel

Für die Pinienkern-milch:
1 l Wasser
500 g Pinienkerne
50 g Zucker

Für die Terrine:
500 ml Pinienkernmilch
2 g Agar-Agar

Für die gebrannten Pinienkerne:
2 Eiweiß
etwas Zucker
50 g geröstete Pinienkerne

1 Für die Pinienkernmilch alle Zutaten in einem Standmixer zerkleinern. Über Nacht in den Kühlschrank stellen und am nächsten Tag durch ein Sieb gießen.

2 Für die Terrine die erkaltete Pinienkernmilch mit dem Agar-Agar verrühren, das Ganze zum Kochen bringen, vom Herd nehmen und zum Festwerden in eine rechteckige Form oder ein tiefes Backblech füllen.

3 Für die gebrannten Pinienkerne mit einem Handrührgerät die Eiweiße schaumig aufschlagen, die Pinienkerne vorsichtig unterziehen und dann auf einem Sieb abtropfen lassen. Die Pinienkerne rundum in Zucker wälzen und auf ein mit einer Silikonbackmatte ausgelegtes Backblech legen. Im Backofen bei 180 °C 10 Minuten backen, bis die Pinienkerne schön gebräunt sind.

4 Aus der fest gewordenen Terrine 3 x 6 cm große Rechtecke schneiden und mit den gebrannten Pinienkernen und nach Belieben mit Rosmarinblüten verzieren.

Tipp
Damit die Pinienkerne schön knusprig werden, müssen sie gut abtropfen; das überschüssige Eiweiß sollte entfernt werden.

MARSHMALLOWS

4 Personen | 30 Minuten | Schwierigkeitsgrad: Mittel

25 ml Wasser
100 g Zucker
4 Blatt Gelatine
1 Eiweiß
25 ml Fruchtsaft
etwas Puderzucker
etwas Maisstärke (Maizena)

1 Wasser und Zucker in einem Topf erhitzen. Die Gelatine in kaltem Wasser einweichen.

2 Die Gelatine ausdrücken und unter das Zuckerwasser rühren. Das Eiweiß in die noch warme Flüssigkeit geben und mit einem Handrührgerät schlagen, bis die Masse eine baiserähnliche, etwas festere Konsistenz annimmt.

3 Den Fruchtsaft unter ständigem Rühren hinzufügen.

4 Die Masse in einen Spritzbeutel mit Lochtülle füllen. Puderzucker und Maizena in einer Schüssel verrühren und nacheinander kleine Zylinder (wie Marshmallows) in die Mischung spritzen. Überschüssigen Zucker von den einzelnen Marshmallows entfernen.

5 Die Marshmallows können auch ohne Einsatz eines Spritzbeutels hergestellt werden. Dazu die Masse auf einem mit Frischhaltefolie ausgelegten Backblech verstreichen, darauf noch eine Folie legen und das Ganze zu einer etwa 3 cm dicken Schicht flach drücken und fest werden lassen. Danach in Würfel schneiden, mit Zucker überziehen und servieren.

Wenn Sie mögen …
… können Sie die Marshmallows, statt mit der Maizena-Puderzucker-Mischung, auch mit Kokosraspel bestreuen. Oder Sie braten sie ganz leicht an und überziehen sie anschließend mit Schokoladenguss.

FRUCHTGUMMI

4 Personen | 15 Minuten | Schwierigkeitsgrad: Einfach

500 ml Wasser oder
Fruchtsaft
Gewürze, frische Kräuter
2 Blatt Gelatine
100 g Zucker
4 g Agar-Agar
Puderzucker

1 Wasser oder Fruchtsaft in einem Topf erhitzen und zusammen mit den Kräutern oder Gewürzen ziehen lassen. In der Zwischenzeit die Gelatine in kaltem Wasser einweichen.

2 Zucker und Agar-Agar mischen und in die kochende Flüssigkeit einrühren. Die Gelatine ausdrücken und unter ständigem Rühren dazugeben.

3 Durch ein Sieb in ein tiefes Backblech oder eine andere Form gießen (ca. 2 cm hoch).

4 In die noch warme Flüssigkeit einige Kräuterblättchen oder ein Gewürz geben und in der Gelatine erstarren lassen.

5 Die Fruchtgummis ganz fest werden lassen, anschließend in Puderzucker wälzen.

Wenn Sie wollen …
… können Sie die Fruchtgummis auch mit Wasser und Rosenwasser (zu gleichen Teilen gemischt) zubereiten und dann Rosenblätter in das Gelee einstreuen.

ORANGENBLÜTENCREME

8 Personen | 90 Minuten | Schwierigkeitsgrad: Hoch

Für die Creme:
900 g Sahne
150 g Zucker
13 Eigelb
100 ml Orangenblütenwasser

Für das Safransorbet:
1 l Orangensaft
0,5 g Safran
500 g Fruchtsorbetbasis
(Zubereitung siehe Schritt 2)

Für die Fruchtsorbet-basis:
800 ml Wasser
80 g Invertzucker
800 g Zucker
20 g Sorbet-Stabilisator
160 g Glukosepulver
140 g Traubenzucker

Für die Orangen-reduktion:
200 ml Orangensaft
100 g Zucker
100 g Glukose

Für den Karamell:
200 g Fondant
100 g Glukose
100 g Isomalt
10 g Kardamomkapseln

Zum Anrichten:
1 Orange, in hauchdünnen Spalten
einige Stiefmütterchenblüten

1 Für die Creme die Sahne und den Zucker aufkochen lassen, Eigelbe unterrühren und zum Schluss das Orangenblütenwasser dazugeben. In Flanformen gießen und bei 85 °C 20 Minuten im Backofen garen.

2 Für das Safransorbet zuerst die Fruchtsorbetbasis zubereiten. Dafür das Wasser und den Invertzucker in einem Topf verrühren und auf 50 °C erwärmen (Temperatur mit einem Küchenthermometer kontrollieren). Dann die festen Zutaten miteinander vermischen, unterrühren und alles auf 85 °C erhitzen. Abkühlen lassen, den Orangen-saft dazugeben und zusammen mit dem Safran mindestens 24 Stunden ziehen lassen. Danach in einer Sorbetmaschine weiterverarbeiten. Alternativ dazu die Mischung in einer geeigneten tiefen Backform oder in einem Plastikbehälter einfrieren und dabei immer wieder umrühren, bis eine sorbetähnliche Textur entsteht.

3 Für die Orangenreduktion den Orangensaft mit dem Zucker und der Glukose zu einem Konzentrat einkochen, bis die Flüssigkeit die gewünschte Konsistenz hat.

4 Für den Karamell die Zuckersorten miteinander mischen, auf 160 °C erhitzen, dann die Temperatur auf 140 °C reduzieren (mit einem Küchenthermometer kontrollieren) und den im Mörser zerstoßenen Kardamom hinzugeben. Auf ein mit einer Silikon-backmatte ausgelegtes Backblech streichen und abkühlen lassen. Den Karamell zu feinem Pulver zermahlen (z. B. in einer Kaffeemühle) und mithilfe eines Siebs wieder auf dem mit Silikon ausgelegten Blech verteilen. Im Backofen erhitzen, bis der Karamell ganz durchsichtig ist.

5 Die Creme aus der Form auf einen tiefen Teller stürzen, ringsherum Orangenspalten verteilen, etwas Orangenreduktion und Stiefmütterchenblüten dazugeben. Eine kleine Portion Sorbet auf der Creme anrichten und mit einem hauchfeinen Kardamom-Karamellblättchen krönen.

LAKRITZCREME MIT ERBSEN

6 Personen | 30 Minuten | Schwierigkeitsgrad: Einfach

Für die Creme:
4 Stücke Süßholzwurzel
250 g Sahne
250 ml Milch
100 g Eigelb
50 g Zucker
40 g Maisstärke (Maizena)

Für die Erbsen:
200 g Erbsen, frisch ausgelöst
50 g Zucker
50 ml Wasser

Zum Garnieren:
frische Minzeblättchen
Erbsensprossen

1 Für die Creme das Süßholz in feine Streifen schneiden, die Milch und die Sahne mit den Süßholzstückchen aufkochen. Etwa 5 Minuten ziehen lassen, durch ein Sieb gießen und beiseitestellen.

2 In einer Schüssel das Eigelb, den Zucker und die Maisstärke verrühren. Einen Teil der Milchmischung dazugeben, dabei ständig umrühren.

3 Die restliche Milch dazugeben und unter ständigem Rühren weiterkochen lassen, bis die Flüssigkeit eindickt. In den Kühlschrank stellen.

4 Für die Erbsen alle Zutaten in einem Topf vermischen und erhitzen. So lange kochen, bis die Flüssigkeit verdampft ist und die Erbsen glänzend aussehen.

5 Zum Servieren einen Löffel Süßholzcreme mit den gegarten Erbsen anrichten, dann mit einigen rohen Erbsen, den Minzeblättchen und den Sprossen verzieren.

GURKENSORBET

4 Personen | 30 Minuten | Schwierigkeitsgrad: Einfach

Für das Sorbet:
6 unbehandelte Land-
gurken
2 Blatt Gelatine
100 g Zucker
50 g Honig
2 cl Wodka

Für den Zuckersirup:
100 ml Wasser
100 g Zucker

1   Die Gurken waschen und dick schälen, dabei viel Fruchtfleisch mitnehmen. Den mittleren Teil zum Garnieren aufbewahren. Die Gelatine in kaltem Wasser einweichen.

2   Die Gurkenschale im Mixer zerkleinern. 100 ml dieses Gurkensafts in einem Topf mit dem Zucker und dem Honig verrühren und kochen lassen, bis alle Zutaten vollständig gelöst sind.

3   Die ausgedrückte Gelatine in die noch warme Flüssigkeit rühren. Den Wodka dazugeben. Durch ein Sieb gießen und mit dem restlichen Gurkensaft verrühren.

4   Diese Mischung in eine Sorbetmaschine füllen. Als Alternative können Sie die Mischung in einer geeigneten Backform oder in einem Plastikbehälter einfrieren, dabei immer wieder umrühren, bis die Masse die Konsistenz eines Sorbets hat.

5   Zum Garnieren das Mittelstück der Gurken in Streifen schneiden und beiseitestellen.

6   Einen Sirup aus Wasser und Zucker zubereiten. Dazu beides in einem Topf verrühren und zum Kochen bringen. Die Gurkenstreifen kurz in den Sud tauchen. Beiseitelegen.

7   Zum Servieren das Sorbet in einen tiefen Teller geben und mit einer blanchierten Gurkenscheibe verzieren.

APFEL-FENCHEL-GELEE

4 Personen | 20 Minuten | Schwierigkeitsgrad: Einfach

4 Äpfel (Granny Smith)
1 Fenchelknolle
20 ml Zitronensaft
3 Blatt Gelatine
100 g Zucker

Zum Garnieren:
einige Apfelstückchen
etwas Fenchelgrün

1 Die Äpfel schälen, das Kerngehäuse entfernen und das Fruchtfleisch klein schneiden. Den Fenchel in kleine Stücke schneiden.

2 Beides in einem Standmixer oder mit einem Pürierstab zerkleinern und den Zitronensaft unterrühren. Die Gelatine in kaltem Wasser einweichen.

3 In einem Topf 100 ml Fruchtmus mit dem Zucker zum Kochen bringen und vom Herd nehmen, sobald sich der Zucker vollständig gelöst hat. Die Gelatine ausdrücken und unterrühren.

4 Mit dem restlichen Mus aufgießen, alle Zutaten gründlich verrühren und dann durch ein Sieb gießen.

5 Die Masse entweder in einzelne Förmchen oder auf ein Tablett gießen (in diesem Fall kann man sie nach dem Erkalten in beliebige Formen schneiden).

6 Das Gelee aus der Form stürzen und mit Fenchelgrün und Apfelstückchen servieren.

Der säuerliche **Granny Smith** wird hauptsächlich in Australien gezüchtet. Die Apfelsorte mit der frischen grünen Farbe ist besonders saftig und knackig.

MINZ-PISTAZIEN-CREME MIT
SCHOKO-MOUSSE-NOCKE

4 Personen | 90 Minuten | Schwierigkeitsgrad: Mittel

Für die Creme:
125 g Sahne
125 ml Milch
50 g Zucker
20 g frische Minze

Für die Schoko-Mousse:
200 g Sahne
25 g Zucker
2 Eigelb
150 g Schokolade
(64 % Kakaoanteil)

Für den Kakaosplitter:
50 ml Milch
50 g Zucker
50 g Mehl (Type 450)
10 g Kakaopulver

Zum Anrichten:
70 g grüne Pistazien
(geschält und geröstet)

1 Für die Creme die Sahne, die Milch und den Zucker in einem Topf zum Kochen bringen. Dann die Minzeblätter hinzufügen und mit einem Pürierstab oder in einem Standmixer zerkleinern. Durch ein Sieb gießen.

2 Für die Schoko-Mousse ebenfalls die Sahne in einem Topf erhitzen. In der Zwischenzeit Eigelbe und Zucker in einer Schüssel verrühren. Wenn die Sahne zu kochen anfängt, die Eigelbmasse unterrühren, den Topf ins Wasserbad stellen und die Masse weiter erhitzen, bis die Creme schön fest wird.

3 Wenn die Creme eine Temperatur von 82 °C erreicht hat, die Schokolade dazugeben und gut umrühren. Abkühlen lassen und in den Kühlschrank stellen.

4 Für den Kakaosplitter alle Zutaten in einer Schüssel verrühren und eine dünne Schicht auf einen Bogen Backpapier streichen. Im Backofen 3 bis 4 Minuten bei 180 °C backen, aus dem Ofen nehmen und die Kakaosplitter vom Backpapier abziehen.

5 Zum Servieren einen Löffel Creme, einige Pistazien und eine Schoko-Mousse-Nocke in einem Glas anrichten und mit einem Kakaosplitter belegen.

KOKOSSCHAUMSÜPPCHEN MIT MANDELN UND WASSERMELONEN-GRANITÉ

4 Personen | 1 Stunde | Schwierigkeitsgrad: Mittel

Für das Schaum-süppchen:
800 ml Kokosmilch
400 g Sahne
50 g Zucker

Für das Wassermelonen-Granité:
1 l Wassermelonensaft
200 g Zucker

Zum Anrichten:
einige Mandelblättchen
ein paar Holunderblüten

1 Für das Schaumsüppchen Kokosmilch, Sahne und Zucker in einem Topf aufkochen. Abkühlen lassen.

2 Für das Granité einige Stücke Wassermelone in einem Standmixer oder mit einem Pürierstab verflüssigen. 300 ml dieses Safts mit dem Zucker erhitzen. Sobald der Zucker vollständig gelöst ist, den restlichen Wassermelonensaft dazugeben. Vom Herd nehmen, abkühlen lassen und ins Gefrierfach stellen, bis die Masse ganz fest geworden ist.

3 Das Kokossüppchen mit einem Pürierstab oder mit einem Handrührgerät aufschlagen. In ein Glas oder Glasschälchen füllen, das Granité darauf anrichten und mit Mandelblättchen bestreuen. Zum Schluss mit Holunderblüten verzieren.

Wenn
Sie mögen ...
... können Sie
noch einige
Stückchen frische
Wassermelone
dazugeben.

MISPELN IN HONIG-ASPIK

4 Personen | 1 Stunde | Schwierigkeitsgrad: Einfach

4 Mispeln
Zitronenwasser
500 g Honig
1 l Wasser
10 g Agar-Agar
einige Blüten

1 Die Mispeln schälen, halbieren und den Kern entfernen. In eine Schüssel mit Zitronenwasser legen, damit sie nicht braun werden.

2 Den Honig in einem Topf erhitzen, bis sich Rauch entwickelt. Nach und nach das
Wasser und das Agar-Agar dazugeben. Unter ständigem Rühren aufkochen, die
Mispeln dazugeben und noch 4 bis 5 Minuten kochen lassen. Vom Herd nehmen.

3 4 Flanförmchen mit Frischhaltefolie auslegen. In jedes Förmchen eine Mispel setzen
und mit einem Esslöffel Sud übergießen. Die Mispeln mit der Frischhaltefolie zu
kleinen festen Päckchen verpacken.

4 Die Mispeln 1 Stunde im Kühlschrank fest werden lassen.

5 Die Mispeln aus der Folie nehmen, auf einem Dessertteller anrichten und mit Blütenblättern verzieren.

Tipp
Für dieses Rezept empfehlen wir den rötlichen,
geschmacksintensiven Thymianhonig.

HONIGLEBKUCHEN

4 Personen | 90 Minuten | Schwierigkeitsgrad: Einfach

200 g Blütenhonig
50 g Melasse
50 g Rohrohrzucker
150 g Buchweizenmehl
150 g Weizenmehl
20 g Backpulver
2 Eier
125 ml Milch
1 TL Zimtpulver
1 TL Korianderpulver
½ TL Nelkenpulver
½ TL Muskatnusspulver
½ TL Sternanispulver

1 Honig, Melasse und Rohrohrzucker in einem Topf zum Kochen bringen. Abkühlen lassen.

2 Die beiden Mehlsorten und das Backpulver sieben und beiseitestellen.

3 Nach und nach Eier, Milch und die Honig-Zucker-Mischung dazugeben und zu einem glatten, flüssigen Teig verarbeiten. Dann das mit dem Backpulver gemischte und gesiebte Mehl und schließlich die Gewürze unterrühren.

4 Den Teig in rechteckige, mit Backpapier ausgelegte Förmchen füllen und bei 180 °C 1 Stunde im Backofen backen.

Dieser Lebkuchen hält sich mehrere Tage, da der Honig wie ein natürliches Konservierungsmittel wirkt.

VANILLEKUCHEN MIT MISPELN UND HONIG

4 Personen | 1 Stunde | Schwierigkeitsgrad: Mittel

Für den Teig:
1,5 Eigelb
160 g Zucker
160 g weiche Butter
Mark von 1 Vanilleschote
15 g Backpulver
225 g Mehl
6 Mispeln

Für das Gelee:
2 Blatt Gelatine (4 g)
200 g Orangenblütenhonig
100 ml Wasser

1 Mit einem Handrührgerät oder einem Schneebesen das Eigelb mit dem Zucker schaumig schlagen. Dann die Butter, das ausgekratzte Vanillemark und das mit dem Backpulver vermischte und gesiebte Mehl unterrühren.

2 Eine Springform vorbereiten. Silikonbackformen müssen nur leicht gefettet werden, Formen aus Metall sollten von allen Seiten, auch am Rand, gefettet und mit Mehl bestäubt werden, damit der Teig nicht daran hängen bleibt.

3 Dann den Teig und die geschälten, entkernten Mispeln in die Form füllen. Einige Früchte zum Verzieren übrig lassen.

4 Im Backofen bei 180 °C 15 Minuten backen, danach bei Zimmertemperatur abkühlen lassen.

5 Die Gelatine in kaltem Wasser einweichen. Unterdessen den Honig in einem Topf erhitzen und die ausgedrückte Gelatine und das Wasser dazugeben. Im Kühlschrank fest werden lassen.

6 Den Kuchen auf einem Teller mit einigen Löffeln Gelee anrichten und mit den übrigen Mispeln verzieren.

IDIAZÁBAL-KÄSEKUCHEN
MIT CHARTREUSE-APFEL

6 Personen | 1 Stunde | Schwierigkeitsgrad: Mittel

Für den Kuchen:
350 g Sahne
350 g Idiazábal-Käse
3 Eigelb
40 g Milchpulver
70 g Maisstärke (Maizena)
5 oder 6 Eiweiß, je nach
Größe
210 g Zucker

Für den Apfel:
100 ml Wasser
100 g Zucker
5 cl Chartreuse
1 Apfel (Granny Smith)

Zum Anrichten:
Idiazábal-Käse, in dünnen
Scheiben

1   Für den Kuchen die Sahne in einem Topf aufkochen, vom Herd nehmen und den Käse unterrühren.

2   Mit einem Handrührgerät cremig rühren. Beiseitestellen.

3   Eigelbe, Milchpulver und Maisstärke in einer Schüssel verrühren. Die Hälfte der Käsecreme unter ständigem Rühren dazugeben, dann das Ganze in den Topf mit der restlichen Creme geben und gut umrühren.

4   Diese Mischung auf kleiner Flamme erhitzen und unter ständigem Rühren zum Kochen bringen. Vom Herd nehmen und beiseitestellen.

5   Eiweiße und Zucker zu einer festen Baisermasse aufschlagen.

6   Die lauwarme Käsecreme in zwei Portionen unterziehen und unter ständigem Rühren zu einem glatten Teig verarbeiten.

7   Ein Backblech mit Backpapier auslegen und den Teig 3 bis 4 cm dick darauf verstreichen.

8   Bei 180 °C 20 Minuten im Backofen backen.

9   Das Wasser, den Zucker und den Kräuterlikör in einem Topf zum Kochen bringen.

10 Den Apfel in gleich große Würfel schneiden und in ein Schälchen füllen.

11 Den Sirup über die Apfelstücke gießen, in den Kühlschrank stellen.

12 Auf einem Dessertteller ein Stück Käsekuchen mit aufgeschichteten Apfelwürfeln und einer dünnen Scheibe Idiazábal-Käse anrichten.

MILLEFEUILLE MIT BIRNEN UND GORGONZOLA

4 Personen | 1 Stunde | Schwierigkeitsgrad: Mittel

Für die Creme:
100 g Gorgonzola
50 g Sahne
25 g Zucker

Für die karamellisierte Birne:
100 ml Wasser
100 g Zucker
1 Birne

Außerdem:
2 Scheiben TK-Blätterteig
etwas Zucker
1 Birne

1 Für die Creme alle Zutaten in einem Topf zum Kochen bringen. Vom Herd nehmen, durch ein Sieb gießen und abkühlen lassen. Die Creme nach ein paar Stunden wie Schlagsahne aufschlagen.

2 Eine Scheibe Blätterteig mit Zucker bestreuen und auf einem Stück Backpapier leicht ausrollen, auch von oben mit Backpapier belegen und mit einem Backblech beschweren, damit der Teig beim Backen nicht aufgeht.

3 Im Backofen bei 190 °C 10 Minuten backen.

4 Aus dem Ofen nehmen und in 4 x 8 cm große Streifen schneiden.

5 Für die karamellisierte Birne einen Sirup aus Zucker und Wasser zubereiten.

6 Die Birne schälen, in dünne Scheiben schneiden und in eine Schüssel legen.

7 Den Sirup nach dem Aufkochen über die Birnenspalten gießen. Beiseitestellen.

8 Auf jeden Blätterteigstreifen zuerst einen Löffel lauwarme Gorgonzolacreme geben und darauf einige Birnenspalten schichten. Mit einem weiteren Blätterteigstreifen bedecken, dann wieder etwas Käsecreme und einige Birnenspalten darauflegen. Die oberste Birnenschicht nach Belieben mit Zucker bestreuen und mit einem Bunsenbrenner karamellisieren.

PAN DE QUESO – KÄSEBÄLLCHEN

6 Personen | 1 Stunde | Schwierigkeitsgrad: Einfach

100 ml Milch
85 ml Sonnenblumenöl
250 g Polvilho (Stärke aus
Maniokmehl)
60 ml kaltes Wasser
1 Ei
100 g geriebener Parmesan

1 Milch und Öl in einem Topf verrühren und zum Kochen bringen.

2 Die Stärke in dem kalten Wasser glatt rühren und zu der kochenden Milch-Öl-Mischung geben.

3 Kräftig rühren, dann das Ei und den geriebenen Parmesankäse dazugeben.

4 Mit einem Teelöffel kleine Kugeln von dem Teig abstechen, auf ein Backblech setzen und im Backofen etwa 12 Minuten bei 185 °C backen.

Polvilho wird in Brasilien die Stärke genannt, die bei der Herstellung von **Maniokmehl** entsteht. Es wird für die Zubereitung des beliebten landestypischen *pão de queijo* (span. *pan de queso*: runde Käsebrötchen oder Käsebällchen aus Brandteig) verwendet. Hier erhält man die Maniokstärke in Feinkostgeschäften oder Märkten für lateinamerikanische Lebensmittel.

SOMMER

REISE NACH HAVANNA (I)
MOJITO

8 Personen | 1 Stunde | Schwierigkeitsgrad: Hoch

Für den Biskuit:
5–6 Eier (je nach Größe)
320 g Marzipanrohmasse
(mind. 50 % Mandelanteil)
100 g Butter, in Stücken
60 g Mehl
8 g Backpulver
alter Rum

Für den Limettenfond:
3 g Agar-Agar
300 ml Zuckersirup (aus
Zucker und Wasser zu
gleichen Teilen)
abgeriebene Schale von
2 unbehandelten Limetten
300 ml Limettensaft

Für das Granité:
400 ml Wasser
50 g Invertzucker
50 g Traubenzucker
einige frische Minzeblätter
100 ml Eiswasser
2 Blatt Gelatine

Außerdem:
ein paar Tropfen Melasse

1 Für den Biskuit zuerst die Eier und die Marzipanrohmasse gut verrühren und schaumig schlagen. Die Butter, das gesiebte Mehl und das Backpulver dazugeben und gründlich verrühren.

2 In eine Backform füllen und im Backofen 15 Minuten bei 180 °C backen. Abkühlen lassen und beiseitestellen.

3 Für den Limettenfond zuerst das Agar-Agar einweichen. Den Sirup erhitzen und die Limettenschale darin ziehen lassen. Das Agar-Agar abtropfen lassen und in dem Limettensaft auflösen. Den Fond durch ein Sieb gießen und abkühlen lassen.

4 Für das Granité Wasser und Zucker (400 ml Wasser und die beiden Zuckersorten, je 50 g) mischen und aufkochen. Die Minzeblätter 20 Sekunden darin blanchieren, dann in Eiswasser abschrecken, um das Chlorophyll zu erhalten. Das Einweichwasser abkühlen lassen. Die Blätter ausdrücken und zurück in das Einweichwasser geben. In einem Standmixer gründlich zerkleinern, dann abseihen und möglichst alle Flüssigkeit aus den Blättern pressen.

5 Die Gelatine in kaltem Wasser einweichen, ausdrücken und mit etwas abgekühlter Minzinfusion verrühren. Alle Zutaten in einem Standmixer gut mischen. Dann auf kleiner Flamme erhitzen, bis alle Bestandteile vollständig gelöst sind.

6 Bei –10 °C einfrieren (Temperatur mit einem Küchenthermometer kontrollieren), dabei alle 30 Minuten umrühren, bis die Flüssigkeit die Konsistenz eines Granités annimmt.

7 Einen Löffel Limettenfond in ein Cocktailglas oder Glasschälchen füllen. Den Biskuit mit einer runden Ausstechform ausstechen und auf den Fond legen, dann das Minz-Granité daraufgeben und mit ein paar Tropfen Melasse verzieren.

Invertzucker. Dieser Sirup aus Saccharose oder Stärke ist ein durch Zugabe von Säure oder durch Mikroorganismen (bestimmte Hefestämme) entstandenes Gemisch aus gleichen Teilen Glukose (Traubenzucker) und Fruktose (Fruchtzucker). Er wird in der Nahrungsmittelindustrie hauptsächlich zur Herstellung von Speiseeis verwendet. Invertzucker erhält man im Konditoreifachhandel. Ersatzweise kann man auch Honig verwenden.

Zucker- oder Basissirup ist eine 50:50-Mischung aus Zucker und Wasser, die einige Minuten gekocht wird. Im Spanischen heißt er »almíbar TPT«, also TPT-Sirup (TPT steht für »tanto por tanto«, zu gleichen Teilen).

REISE NACH HAVANNA (II)
GEEISTE ZIGARRE

750 g Sahne
150 g Traubenzucker
4 Blatt Gelatine
1 Havanna-Zigarre (Partagás
Serie D No. 4)
Backpapier
etwas dunkle Kuvertüre
etwas Zuckerkohle

1 Die Sahne mit dem Traubenzucker verrühren und zum Kochen bringen. Die Gelatine in kaltem Wasser einweichen.

2 Die Gelatine ausdrücken und in die noch heiße Zucker-Sahne-Mischung rühren. Abkühlen lassen.

3 Die Gelatinesahne mit einem Handrührgerät steif schlagen.

4 Die Zigarre anzünden und den Rauch mithilfe einer speziellen Rauchpumpe (»Pipa de humo«, nur online im Fachhandel erhältlich) in die Sahne-Gelatine-Mischung einbringen. Auf diese Weise wird nur der Rauch (ohne Luft) hinzugefügt und ein naturgetreues Aroma erzeugt.

5 Die fertige Sahne kühl stellen.

6 Das Backpapier in 5 x 10 cm große Rechtecke schneiden.

7 Die Kuvertüre vorsichtig erhitzen und mit einem Teigschaber auf die Papierstücke auftragen.

8 Aus den mit Schokolade bestrichenen Blättchen gleichmäßige Röllchen drehen.

9 Die Kuvertüre trocknen und fest werden lassen, dann die Zylinder mithilfe eines Spritzbeutels mit der Zigarrenaroma-Mischung füllen.

10 Ins Gefrierfach stellen und zum Schluss ein Ende jedes Zylinders mit Kuvertüre verschließen. Vor dem Servieren das Backpapier vorsichtig entfernen.

11 Die Zigarren auf einem Aschenbecher mit etwas geriebener Zuckerkohle anrichten, um damit die Zigarrenasche zu imitieren.

Traubenzucker, auch bekannt unter der Bezeichnung Glukosepulver, wird häufig als Süßungsmittel zur Herstellung von Desserts und Süßwaren verwendet. Er ist in Konditorfachgeschäften erhältlich.

Zuckerkohle. Diese in Spanien sehr verbreitete spezielle Leckerei ist dem rauen Aussehen von Kohlestücken nachempfunden und wird Kindern zum Tag der Heiligen Drei Könige (6. Januar) geschenkt, wenn sie das Jahr über unartig gewesen sind.

KARAMELLISIERTES FEIGEN-CARPACCIO MIT STERNANIS

4 Personen | 30 Minuten | Schwierigkeitsgrad: Einfach

4 Feigen
etwas Zucker
etwas Sternanis
etwas Anislikör

1 Die Feigen schälen und jeweils zwischen zwei Stücke Frischhaltefolie legen. Zu einer dünnen Scheibe flach drücken und ins Gefrierfach stellen.

2 Sobald die Feigen gefroren sind, die Frischhaltefolie abziehen und jede fest gewordene Scheibe auf einem Dessertteller anrichten. Mit einer Prise Zucker bestreuen und den Zucker mit einem kleinen Bunsenbrenner karamellisieren.

3 Mit Sternanis und einem kleinen Schuss Anislikör abrunden und sofort servieren.

FEIGENSALAT MIT TRAUBEN UND NÜSSEN

4 Personen | 30 Minuten | Schwierigkeitsgrad: Einfach

Feigen (frisch, getrocknet
oder confiert)
Walnüsse
dunkle Weintrauben

Für die Weinreduktion:
100 g Zucker
20 cl Sherry

1 Den Zucker mit dem Sherry in einem kleinen Topf einkochen lassen, bis der Alkohol verdampft ist. Das übriggebliebene Zuckerkonzentrat sollte eine marmeladenähnliche Konsistenz haben.

2 Die Feigen vierteln, die Walnüsse und die Trauben halbieren.

3 Alle Zutaten vermischen und mit der Weinreduktion anrichten.

NEKTARINENGELEE MIT MANDARINEN-GRANITÉ

6 Personen | 1 Stunde | Schwierigkeitsgrad: Mittel

Für das Gelee:
4 Nektarinen
5 Blatt Gelatine
500 ml Wasser
200 g Zucker
½ Zimtstange

Für das Granité:
2 Blatt Gelatine
500 ml Mandarinensaft
100 g Zucker
abgeriebene Schale von
2 unbehandelten Manda-
rinen
5 cl Wodka

1 Die Nektarinen schälen und in gleichmäßige Stücke schneiden. Die Gelatine in kaltem Wasser einweichen.

2 Wasser und Zucker in einem Topf erhitzen und zu einem Sirup einkochen lassen. Vom Herd nehmen und den Zimt, die Nektarinenstücke sowie die ausgedrückte Gelatine in die noch warme Flüssigkeit rühren.

3 Diesen Fruchtsirup etwa 5 Minuten ziehen lassen, dann in Silikonförmchen gießen. Mindestens 4 Stunden im Kühlschrank fest werden lassen.

4 Für das Granité die Gelatine in kaltem Wasser einweichen. 100 ml Mandarinensaft mit dem Zucker und der Mandarinenschale aufkochen.

5 Vom Herd nehmen und die ausgedrückte Gelatine unterrühren.

6 Den restlichen Saft und den Wodka hinzufügen, ins Gefrierfach stellen.

7 Das Gelee auf einen Dessertteller stürzen. Mit einer Gabel etwas Granité abschaben und 1 Löffel davon auf dem Gelee anrichten.

Hinweis: Der Wodka wird in diesem Granité nicht in erster Linie wegen seines Geschmacks verwendet, sondern hat eher die Funktion eines Frostschutzmittels. So wird das Eis besser fest und bekommt eine schönere Textur. Die Gelatine wiederum stabilisiert die Struktur des Granités.

Der beste Monat für **Nektarinen** ist der Juli. Um diese Jahreszeit schmeckt die kleine Schwester des Pfirsichs mit der glatten Haut besonders süß und erfrischend.

LAUWARME PFIRSICHCREME

4 Personen | 1 Stunde | Schwierigkeitsgrad: Mittel

Für die Creme:
3 Pfirsiche
200 ml Wasser
100 g Zucker
50 g Butter

Für den Biskuit:
100 g Mehl
100 g Mandelmehl
250 g Zucker
1 Prise Salz
3 Eiweiß
150 g Butter, zerlassen
Mark von 1 Vanilleschote

Für das Sorbet:
1 Blatt Gelatine
250 g Pfirsichfruchtfleisch
100 g Zucker
50 g Honig

1 Für die Creme zuerst die Pfirsiche schälen und klein schneiden.

2 Wasser und Zucker in einem Topf aufkochen. Die Pfirsichstücke hinzufügen und gut weich kochen.

3 Den Topf vom Herd nehmen und die Mischung mit einem Pürierstab fein pürieren.

4 Die Butter in kleine Stücke schneiden und hinzugeben, dabei gut umrühren. Abkühlen lassen und in den Kühlschrank stellen.

5 Für den Biskuit die trockenen Zutaten sieben und mischen.

6 In einer Schüssel das Eiweiß mit dem Mehl, dem Mandelmehl, der zerlassenen Butter und dem Vanillemark verrühren. Über Nacht in den Kühlschrank stellen.

7 Am nächsten Tag den Teig auf ein gefettetes, mit Mehl bestäubtes Backblech geben und im Backofen etwa 15 Minuten bei 200 °C backen.

8 Für das Sorbet die Gelatine in kaltem Wasser einweichen. In einem Topf 100 g Pfirsichfruchtfleisch zusammen mit dem Zucker und dem Honig erhitzen.

9 Vom Herd nehmen und die ausgedrückte Gelatine und das restliche Fruchtfleisch in die noch warme Masse rühren.

10 Die Mischung in einer Sorbetmaschine verarbeiten und ins Gefrierfach stellen. Ersatzweise auf einem Backblech oder in einem Plastikbehälter einfrieren. Dabei regelmäßig umrühren, bis eine gute Sorbet-Konsistenz erreicht ist.

11 Die lauwarme Creme in einer Tasse oder einer Schale zusammen mit einem Stück Biskuit, gekrönt von einer Sorbetkugel, servieren.

Wenn
Sie mögen ...
... Wenn die
Creme noch feiner
und aromatischer
sein soll, kann
sie mit Olivenöl
statt mit Butter
gebunden
werden.

GEBACKENE APRIKOSEN MIT KRÄUTERN

4 Personen | 45 Minuten | Schwierigkeitsgrad: Einfach

8 Aprikosen, gewaschen und vorsichtig entsteint (damit ihre Form erhalten bleibt)
100 g Zucker
100 g Butter
50 g Honig
frische Kräuter nach Belieben (Rosmarin, Thymian, Zitronenverbene, Ysop, Lorbeer ...)

Für das Granité:
2 Blatt Gelatine
500 g Aprikosenfruchtfleisch
100 g Zucker
5 cl Aprikosenlikör

1 Die Aprikosen in eine Auflaufform oder ein tiefes Backblech setzen. Zucker, Butter, Honig und Kräuter verrühren und die Aprikosen damit bestreichen. Im Backofen bei 160 °C etwa 20 Minuten backen. Abkühlen lassen.

2 Für das Granité die Gelatine in kaltem Wasser einweichen. In einem Topf 100 g Aprikosenfruchtfleisch und die angegebene Zuckermenge erhitzen.

3 Aufkochen und vom Herd nehmen, die ausgedrückte Gelatine unterrühren.

4 Das restliche Fruchtfleisch und den Aprikosenlikör daruntermischen. Ins Gefrierfach stellen.

5 Auf einem Dessertteller jeweils 2 bis 3 gebackene Aprikosen (je nach Größe) mit dem Granité anrichten.

Tipp
Gut ausgereifte Früchte werden beim Backen besonders zart.

Wenn
Sie mögen ...
... können Sie
die Aprikosen
durch Pflaumen
oder anderes Obst
der Saison
ersetzen.

GAZPACHO AUS TOMATEN UND ERDBEEREN

4 Personen | 20 Minuten | Schwierigkeitsgrad: Einfach

250 g Tomaten
250 g Erdbeeren
Salz und Pfeffer
50 g Zucker
15 ml Natives Olivenöl Extra
frische Kräuter (Rosmarin,
Thymian, Minze, Basilikum)

1 Tomaten und Erdbeeren waschen. Das Innere der Tomaten mit einem Löffel heraus-lösen und beiseitestellen. Einige Erdbeeren klein schneiden und ebenfalls beiseite-stellen.

2 Das äußere Tomatenfruchtfleisch und die restlichen Erdbeeren in einem Standmixer pürieren. Salz, Pfeffer, Zucker und Öl dazugeben. Mit jeweils einer Prise Rosmarin und Thymian würzen. Die Masse durch ein Sieb streichen und mit einem Schneebesen leicht aufschlagen.

3 In einer Schale einige Erdbeerstücke mit dem Tomateninneren anrichten. Ein paar Blättchen Minze und Basilikum dazugeben. Mit dem süßen Gazpacho auffüllen und servieren.

Tipp
Der Gazpacho schmeckt besonders ausgewogen, wenn die Tomaten und Erdbeeren gut ausgereift sind.

Wenn
Sie mögen ...
... können Sie das
Gericht mit ein paar
Meersalzflocken
abrunden.

**Wenn
Sie mögen ...**
... können Sie anstatt
weißem Kristallzucker
Muscovadozucker oder
Vollrohrzucker verwenden.
Der Geschmack wird
dadurch interessanter,
intensiver.

GUACAMOLE MIT LIMETTE UND ANANAS

4 Personen | 20 Minuten | Schwierigkeitsgrad: Einfach

In diesem Rezept verleihen die Avocados dem Dessert seine cremige Konsistenz. Die feine Säure der Limette bildet einen schönen Kontrast zum Ananasaroma und der würzigen Note des Estragons.

2 Avocados
100 g Zucker
1 Limette, unbehandelt
½ Ananas
einige Estragonblättchen

1 Avocados schälen und pürieren.

2 Zucker, Limettenschalenabrieb und Limettensaft dazugeben und so lange rühren, bis eine glatte Emulsion entsteht.

3 Die Ananas schälen und in kleine Würfel schneiden.

4 Auf einem tiefen Teller oder in einer Schale etwas Guacamole im Wechsel mit den Ananasstücken und den Estragonblättchen anrichten.

Der frische **Estragon** gibt dem Gericht eine kräftig-würzige, leicht anisartige Note.

MONOCHROMES GRÜN

8 Personen | 90 Minuten (zzgl. Backzeit und Zeit zum Abkühlen im Kühlschrank) | Schwierigkeitsgrad: Hoch

Für die Chartreuse-Candies:
40 ml Wasser
120 g Zucker
2,5 cl Chartreuse (grün)

Für das Gurkensorbet:
515 ml Gurkensaft
120 g Zucker
1 Prise Salz
5 g Sorbet-Stabilisator

Für das Melonen-Granité:
8 Blatt Gelatine
1 l Melonensaft
100 g Traubenzucker
100 g Invertzucker

Für das Gurkenöl:
100 g Schale von unbehandelten Landgurken
50 ml Natives Olivenöl Extra

Außerdem:
[etwa 1 kg] Maisstärke (Maizena)
1 Landgurke
frische Minzeblätter und -blüten

1 Für die Candies Wasser und Zucker auf 109 °C erhitzen (Temperatur mit einem Küchenthermometer kontrollieren). Vom Herd nehmen, etwas abkühlen lassen und den Likör unterrühren. Beiseitestellen.

2 Eine etwa 4 cm hohe Schicht Maizena auf ein Backblech geben und im Backofen bei 80 °C einige Stunden trocknen.

3 Das Blech aus dem Ofen nehmen, die Maizena-Schicht festdrücken, glatt streichen und kleine Vertiefungen hineindrücken. Das Sirup-Likör-Gemisch vorsichtig in diese Vertiefungen füllen.

4 Etwas getrocknete Maisstärke auf die Flüssigkeit streuen und das Blech wieder in den Ofen schieben. Bei 40 °C 24 Stunden trocknen lassen, bis der Sirup-Likör zu Candies kristallisiert.

5 Die Candies sehr vorsichtig von der Unterlage lösen und die überschüssige Maisstärke mit einem Pinsel entfernen. Beiseitestellen.

6 Für das Gurkensorbet alle Zutaten gut verrühren und auf 85 °C erhitzen. Danach die Masse mit einem Handrührgerät aufschlagen. 12 Stunden im Kühlschrank ruhen lassen, dann in einer Eismaschine weiterverarbeiten. Wenn Sie keine Eismaschine haben, die Masse ins Gefrierfach stellen und alle 2 Stunden umrühren, damit sich nicht zu große Eiskristalle bilden. Bei –18 °C aufbewahren.

7 Für das Melonen-Granité die Gelatine in kaltem Wasser einweichen. In einem Topf 200 ml Melonensaft, Traubenzucker und Invertzucker verrühren und so lange erhitzen, bis der Zucker vollständig gelöst ist. Die Gelatine ausdrücken und zusammen mit den restlichen Zutaten in die noch warme Flüssigkeit einrühren Dann den restlichen Saft unterrühren.

8 Für das Gurkenöl die Gurkenschale flüssig pürieren und mit dem Olivenöl binden.

9 Von der geschälten Gurke feine Streifen abschneiden. In einem tiefen Teller die Gurkenstreifen, die Chartreuse-Candies, das Gurkensorbet, das Melonen-Granité und das Gurkenöl mit ein paar Minzeblättchen anrichten und servieren.

Chartreuse ist ein französischer Kräuterlikör. Seinen Namen verdankt er seinem Ursprungsort, dem Kartäuserkloster *La Grande Chartreuse* in der Nähe von Grenoble. Für seine Herstellung werden über 100 verschiedene Kräutersorten mit Weinalkohol angesetzt und dann destilliert.

KARAMELLISIERTE APRIKOSEN

8 Personen | 2 Stunden | Schwierigkeitsgrad: Hoch

Für den Schaum:
100 g Zucker
500 g Aprikosenfruchtfleisch
(aus etwa 800 g Früchten)
50 g Butter
325 g Eiweiß, pasteurisiert

Für die Sauce:
50 g Glukose
100 g Zucker
2,5 cl Aprikosenbrand
25 g Butter
100 ml Wasser

Für das Eis:
100 g Sahne
300 ml Milch
25 g Invertzucker
50 g Zucker
25 g Traubenzucker
20 g Milchpulver
2 g Speiseeis-Stabilisator
5 Aprikosenkerne

Für den Karamell:
250 g Fondant
125 g Glukose
125 g Isomalt
10 Tropfen flüssige
Zitronensäure (50 %)

1 Für den Aprikosenschaum in einem Topf den Zucker auf kleiner Flamme erhitzen. Dann mit dem Aprikosenfruchtfleisch ablöschen. Die Butter unterrühren und kochen lassen. Durch ein Sieb gießen, abkühlen lassen und zum Schluss das Eiweiß dazugeben.

2 Für die Aprikosensauce in einem Topf die Glukose und den Zucker auf kleiner Flamme erhitzen. Mit dem Aprikosenbrand ablöschen, die Butter unterrühren und ein wenig Wasser dazugeben, damit der Karamell nicht zu dickflüssig ist.

3 Für das Eis die Sahne, die Milch und den Invertzucker auf 50 °C erhitzen. Unterdessen in einer kleinen Schüssel Zucker, Traubenzucker, Milchpulver und Speiseeis-Stabilisator verrühren. Dann die vermischten trockenen Zutaten unter die flüssige Mischung rühren und auf 85 °C erhitzen. So schnell wie möglich abkühlen lassen. Die Aprikosenkerne dazugeben, alles in einem Standmixer pürieren und im Kühlschrank mindestens 12 Stunden bei etwa 4 °C ziehen lassen.

4 Für den Karamell die verschiedenen Zuckersorten in einem Topf auf 150 °C erhitzen. Die Zitronensäure dazugeben und weiter auf 160 °C erhitzen. Vom Herd nehmen, leicht abkühlen lassen und auf eine Silikonbackmatte streichen. Dann wieder zusammenlegen, erneut ausstreichen und mit einem Nudelholz ausrollen. Diesen Vorgang etwa 20-mal wiederholen. Mit einer Schere kleine Stücke von 1 cm Durchmesser von der Karamellmasse abschneiden und mit den Händen zu Kugeln formen. Darauf achten, dass die Masse nicht zu sehr abkühlt, sonst ist sie nicht mehr formbar. Sie können unter einer Wärmelampe arbeiten.

5 Jede Karamellkugel mithilfe eines Zuckerblasebalgs in der Form einer kleinen Aprikose aufblasen. Die Verbindungsstücke zum Blasebalg mit einem Bunsenbrenner anwärmen und mit der Schere vorsichtig abschneiden, an der Unterseite eine Öffnung lassen. Die Karamellaprikosen an einem trockenen Ort aufbewahren.

6 Aprikosenschaum mit einem Espuma-Siphon in die Aprikosenkugeln füllen.

7 Zum Servieren einen Streifen Aprikosensauce auf einen Dessertteller geben, daneben eine Kugel Eis und eine mit Aprikosenschaum gefüllte Karamellkugel setzen.

Pasteurisiertes Eiweiß in flüssiger Form gibt es vakuumverpackt zur Verarbeitung beim Kochen und Backen zu kaufen. Durch die Pasteurisierung werden Bakterien abgetötet, dadurch ist es länger haltbar. Außerdem müssen Eiweiß und Eigelb nicht von Hand getrennt werden. Eiweiß ist besonders zu empfehlen für Sportler oder für Menschen mit erhöhtem Proteinbedarf ohne Fettzufuhr.

GEGRILLTE WASSERMELONE MIT WODKA-GRANITÉ UND MANDELN

4 Personen | 30 Minuten | Schwierigkeitsgrad: Mittel

Für das Granité:
600 g Wassermelone
2 Blatt Gelatine
100 g Zucker
25 ml Wodka

Zum Anrichten:
4 Streifen Wassermelone
(1 cm dick, 2 cm breit und
4 cm lang)
einige Mandelblättchen

1 Für das Granité die Wassermelone in kleine Stücke schneiden und in einem Standmixer oder mit einem Pürierstab verflüssigen. Durch ein Sieb gießen.

2 Die Gelatine in kaltem Wasser einweichen. 100 ml Wassermelonensaft mit dem Zucker in einem Topf erhitzen. Aufkochen und vom Herd nehmen. Die Gelatine ausdrücken und unter diesen Sirup rühren.

3 Den restlichen Saft und den Wodka unterrühren. Ins Gefrierfach stellen.

4 Eine antihaftbeschichtete Pfanne oder eine Grillpfanne ohne Fett erhitzen und die Melonenstreifen darin von beiden Seiten leicht anbraten.

5 Jeweils zwei Wassermelonenstücke auf einen tiefen Teller legen, dazwischen eine Portion Granité platzieren. Mit ein paar Mandelblättchen bestreuen.

Hinweis:
Die Pfanne muss sehr heiß sein, damit die Wassermelone schnell karamellisiert und möglichst wenig Wasser verliert.

EIS AM STIEL AUS MELONEN UND ESTRAGON

4 Personen | 1 Stunde | Schwierigkeitsgrad: Mittel

Für den Sirup:
400 ml Wasser
200 g Zucker
5 cl Melonenlikör

Für das Gelee:
1 l Wasser
200 g Zucker
100 g Estragonblättchen
8 Blatt Gelatine

Für das Eis am Stiel:
1 Zuckermelone (Sorte:
Piel de sapo bzw. Futuro)
4 Holzstiele für Eis

1   Für den Sirup Wasser und Zucker in einem Topf erhitzen. Den Likör unterrühren und in einem luftdichten Plastikbehälter aufbewahren.

2   Für das Gelee Wasser und Zucker aufkochen. Wenn die Flüssigkeit zu kochen beginnt, die Estragonblättchen 20 Sekunden blanchieren, dann schnell in kaltes Wasser tauchen. Das Kochwasser etwas abkühlen lassen.

3   Die Gelatine in kaltem Wasser einweichen. Den Estragon zusammen mit dem Kochwasser in einen Standmixer geben und pürieren, bis das Wasser eine grünliche Farbe annimmt. Durch ein Sieb gießen. Die Gelatine ausdrücken und unter die Flüssigkeit rühren.

4   Für das Eis am Stiel rechteckige Melonenstücke schneiden und über Nacht in dem Melonenlikör-Sirup liegen lassen.

5   Am nächsten Tag in ein Ende jedes Melonenquaders einen Holzstiel stecken und für einige Stunden ins Gefrierfach legen.

6   Sobald sie gefroren sind, die Meloneneislutscher mehrfach in das Estragongelee tauchen.

7   Zum Servieren die Eislutscher aufrecht in einen Becher stellen und mit frischen Estragonblättchen garnieren.

MELONENSPIESSE

4 Personen | 30 Minuten | Schwierigkeitsgrad: Mittel

Für das Baiser:
6 Eiweiß
100 g Zucker
Saft von ½ Zitrone
50 g Kokosraspel

Außerdem:
1 Cantaloup-Melone
Minzeblätter, Basilikum,
Estragon, Fenchelgrün …

1 Eiweiß schlagen, nach und nach den Zucker und den Zitronensaft dazugeben. Weiterschlagen, bis der Eischnee steif ist. Unter ständigem Rühren die Kokosraspel unterrühren.

2 Mit einem Melonenausstecher für jeden Spieß zwei bis drei Melonenkugeln formen. Zwei Kugeln auf den Spieß stecken und eine der beiden mit der Kokosbaisermasse überziehen. Nach Belieben noch eine dritte, nicht überzogene Kugel an die Spitze setzen.

3 Zum Schluss die Spieße mit Kokosraspel und frischem Grün bestreuen.

Tipp
Mithilfe eines Bunsenbrenners können Sie die Kokosbaisermasse leicht anrösten.

ALSTERWASSERGELEE
MIT BIERSCHAUM

4 Personen | 30 Minuten | Schwierigkeitsgrad: Mittel

Für den Schaum:
2 Blatt Gelatine
2 cl Buchweizenbier (Spalter Bier)
10 g Zucker
2 g Natron

Für das Gelee:
10 ml Zitronensaft
50 g Zucker
3 g Agar-Agar

1 Für den Schaum die Gelatineblätter in kaltem Wasser einweichen, bis sie gut lösbar sind.

2 Die Hälfte des Biers mit dem Zucker in einem Topf erhitzen. Sobald der Zucker gelöst ist, die ausgedrückte Gelatine, das restliche Bier und das Natron unterrühren. Weiterrühren und in einen Espuma-Siphon füllen (siehe Arbeitsgeräte). Für mindestens 2 Stunden in den Kühlschrank stellen.

3 Für das Gelee in einem Topf Zitronensaft, Zucker und Agar-Agar verrühren. Unter ständigem Rühren erhitzen und 1 Minute kochen lassen.

4 Die noch warme Flüssigkeit in Saftgläser füllen und bei Zimmertemperatur etwa 30 Minuten ruhen lassen. Dann in den Kühlschrank stellen.

5 Zwei CO2-Patronen in den Siphon einsetzen (entsprechend den Angaben des Herstellers), schütteln und den Bierschaum auf das Gelee in den Saftgläsern sprühen. Gut gekühlt servieren.

Buchweizenbier ist ein Naturprodukt, das aus Buchweizenmalz, Hopfen und Brauhefe hergestellt wird. Buchweizen, ein in Eurasien beheimatetes, biologisch wertvolles und nährstoffreiches Pseudogetreide, ist glutenfrei und daher auch bei Zöliakie verträglich.

Espuma

WEISSE SANGRÍA

4 Personen | 30 Minuten | Schwierigkeitsgrad: Einfach

Für das Sangría-Granité:
100 g Zucker
250 ml Wasser
20 ml Zitronensaft
1 Zimtstange
Abrieb von 1 unbehandelten Zitrone
500 ml Weißwein
1 TL Orangenlikör (z. B. Cointreau)

Für den Spieß:
1 Pfirsich
1 Zuckermelone
100 g Erdbeeren
1 Apfel
4 Holzspieße

1 Zucker, Wasser und Zitronensaft in einem Topf erhitzen. Sobald die Flüssigkeit anfängt zu kochen, vom Herd nehmen und die Zimtstange und den Zitronenabrieb dazugeben.

2 Etwa 5 Minuten ziehen lassen, durch ein Sieb gießen und mit dem Wein verrühren. In einem geeigneten Gefrierbehälter für mindestens 8 Stunden ins Gefrierfach stellen.

3 Kleine Gläser im Gefrierfach vorkühlen. Das Obst in Würfel schneiden und auf die Holzspieße stecken. In jedes Glas etwas Sangría-Granité füllen und mit einem Fruchtspieß servieren.

Wenn
Sie mögen ...
... können Sie für
die Spieße auch
anderes Obst der Saison
verwenden.

GIN TONIC

4 Personen | 40 Minuten | Schwierigkeitsgrad: Mittel

Für die Creme:
1 Blatt Gelatine
300 g Sahne
50 g Zucker
5 g Wacholderbeerenpulver

Für die Eiswürfel:
2 Blatt Gelatine
200 ml Wasser
100 g Zucker
50 ml Zitronensaft
Abrieb von 2 unbehandelten
Zitronen

Für das Gelee:
3 Blatt Gelatine
400 ml Tonic Water
4 cl Gin
40 g Zucker
40 ml Wasser

1 Für die Wacholdercreme als Erstes die Gelatine in kaltem Wasser einweichen.

2 Unterdessen die Sahne, den Zucker und das Wacholderpulver in einem Topf erhitzen. Sobald die Mischung zu kochen anfängt, die ausgedrückte Gelatine unterrühren. Auf Zimmertemperatur abkühlen lassen.

3 Einige Gläschen mit dieser Flüssigkeit füllen und in den Kühlschrank stellen.

4 Für die Zitroneneiswürfel die Gelatine in kaltem Wasser einweichen. Inzwischen das Wasser, den Zucker und den Zitronensaft in einem Topf erhitzen. Wenn die Flüssigkeit zu kochen anfängt, den Zitronenabrieb unterrühren und 5 Minuten ziehen lassen.

5 Durch ein Sieb gießen, die ausgedrückte Gelatine unterrühren und die Masse in einen Eiswürfelbehälter füllen.

6 Für das Gin-Tonic-Gelee die Gelatine in kaltem Wasser einweichen. Währenddessen Wasser und Zucker in einem Topf erhitzen, dann die ausgedrückte Gelatine, das Tonic Water und den Gin dazugeben. Leicht umrühren und in den Kühlschrank stellen.

7 Zum Servieren je 1 Löffel Gin-Tonic-Gelee und zwei bis drei Zitroneneiswürfel in ein Gläschen mit der Creme geben.

Gin kommt ursprünglich aus den Niederlanden. Im 17. Jahrhundert suchte der deutsch-holländische Arzt Franciscus Sylvius, Professor für Medizin an der Universität Leiden, ein Mittel gegen Nieren-erkrankungen. Dazu entwickelte er einen heilenden Trank, indem er Alkohol aus Gersten- oder Roggenmalz mit Gewürzen, v. a. Wacholderbeeren, aromatisierte. Dieses Wacholderdestillat taufte er *Genever* (von holl. *jeneverbes* oder lat. *Juniperus* für Wacholder). Durch englische Soldaten gelangte der Wacholderschnaps auf die Britische Insel, wo er den Namen Gin erhielt, und entwickelte sich schließlich zum Nationalgetränk der Engländer.

SÜSSE AVOCADO

4 Personen | 20 Minuten | Schwierigkeitsgrad: Einfach

**Für die Bananen-
scheiben:**
1 Kochbanane
etwas Zucker

Für die Creme:
1 Avocado
20 g Zucker
Saft von ½ Zitrone

1 Den Backofen auf 170 °C vorheizen. Währenddessen die Banane mit einer Mandoline oder einem Gemüsehobel in dünne Scheiben schneiden.

2 Die Scheiben auf ein mit Backpapier ausgelegtes Backblech legen.

3 Mit Zucker bestreuen und 35 Minuten trocknen lassen. In einem luftdicht verschlossenen Tortenbehälter aufbewahren.

4 Für die Avocadocreme alle Zutaten mischen und mit einem Handrührgerät zu einer glatten Creme verrühren.

5 Die Avocadocreme mit den Bananenscheiben belegen und servieren.

Trotz ihrer großen Ähnlichkeit sind die »normale« oder **Dessertbanane** und die **Koch- oder Gemüsebanane** zwei verschiedene Früchte. Die Kochbanane ist größer, ihre Schale ist glänzend gelb und ohne Flecken, sie ist milder im Geschmack und trockener als die Obstbanane. Beide sind reich an Kohlenhydraten und deshalb ziemlich kalorienreich, enthalten aber auch sehr viel Kalium. Für dieses Rezept sollten Sie eine Kochbanane verwenden, da diese dank ihrer faserigen Struktur knuspriger wird.

TAPIOKAPERLEN MIT WASSER-MELONE, GRANATAPFEL UND ORANGE

4 Personen | 50 Minuten | Schwierigkeitsgrad: Mittel

Für die Perlen:
15 ml Granatapfelsirup
etwa 30 ml Wasser
40 g Tapiokaperlen (oder
Perlsago)

Außerdem:
Wassermelone
Granatapfel
Orange

1 Den Granatapfelsirup mit dem Wasser in einem Topf erhitzen, die Tapiokaperlen dazugeben und 30 Minuten kochen lassen. Dabei regelmäßig umrühren.

2 Die Perlen durch ein Sieb gießen und unter fließend kaltem Wasser abschrecken. Beiseitestellen.

3 Ein Stück Wassermelone in Würfel schneiden, Orangenspalten und einige schön saftige Granatapfelkerne bereithalten.

4 Einen Löffel Tapiokaperlen auf einem Dessertteller anrichten und mit dem restlichen Obst darauf servieren.

Tapioka (aus Brasilien) ist weiße, granulierte Stärke, die aus der getrockneten Maniokwurzel hergestellt wird. Sago (aus Singapur) wurde ursprünglich aus dem Mark der Sagopalme gewonnen, heute auch aus Wurzelknollen anderer tropischer Pflanzen, beispielsweise Maniok. Tapioka ist dem Perlsago in Erscheinung und Verwendungszwecken sehr ähnlich. Hier sind die Kugeln lediglich etwas größer.

GEGRILLTE MELONE MIT KRÄUTERN

4 Personen | 30 Minuten | Schwierigkeitsgrad: Mittel

1 Zuckermelone
Kräuter zum Bestreuen

1 Eine antihaftbeschichtete Pfanne oder eine Grillpfanne ohne Fett erhitzen. Unterdessen die Melone in Rechtecke schneiden. Einige Stücke ins Gefrierfach legen.

2 Die restlichen Melonenstücke in der heißen Pfanne von beiden Seiten anbraten. Beiseitestellen.

3 Die heiße Melone auf einem Teller anrichten, die gefrorenen Melonenstücke danebenlegen und mit den Kräutern bestreuen.

Tipp
Im August sind Melonen besonders süß und zuckerhaltig. Der Zucker karamellisiert beim Anbraten in der Pfanne und gibt diesem Dessert eine besondere Textur und ein intensives Aroma.

FRUCHT-CAIPIRIÑA

4 Personen | 40 Minuten | Schwierigkeitsgrad: Einfach

2 Blatt Gelatine (à 2 g)
300 ml Wasser
100 g Zucker
10 cl Cachaça (Zuckerrohr-
schnaps)
Erdbeeren, Litschis, Wald-
erdbeeren, Aprikosen,
Mango, Apfel
Minze
1 unbehandelte Zitrone

1   Die Gelatine in kaltem Wasser einweichen.

2   Wasser und Zucker in einem Topf erhitzen. Die ausgedrückte Gelatine unterrühren.

3   Den Cachaça dazugeben und das Ganze im Kühlschrank fest werden lassen.

4   Alle Früchte bis auf die Erdbeeren (die bleiben ganz) und die Litschis (vierteln) waschen, abtrocknen und fein würfeln. Zu der Gelatine geben.

5   Die Minzeblätter in feine Streifen schneiden und die Zitronenschale abreiben. Vorsichtig unter das Gelee rühren, ohne die Früchte zu zerdrücken.

6   In einem eisgekühlten Glas schön kalt servieren.

PIÑA COLADA

4 Personen | 40 Minuten | Schwierigkeitsgrad: Einfach

Für den Ananaskaramell:
¼ Ananas
100 g Zucker
25 g Butter
4 Sternanis

Für den Kokosschaum:
100 g Sahne
50 g Zucker
1 Vanilleschote
100 ml Kokosmilch

1 Zuerst die Ananas schälen und in Würfel schneiden. Dann den Zucker in einer Pfanne auf kleiner Flamme zu einem trockenen Karamell schmelzen. Sobald er Farbe annimmt, die Ananaswürfel und die Butter hinzufügen.

2 Um den Zucker vollständig aufzulösen, etwas Wasser zugießen und mit Sternanis würzen.

3 Auf kleiner Flamme köcheln lassen, bis die Masse eine marmeladenartige Konsistenz annimmt. Beiseitestellen.

4 Für den Kokosschaum in einem Topf die Sahne, den Zucker und die aufgeschlitzte Vanilleschote zum Kochen bringen. Einige Minuten ruhen lassen. Dann die Kokosmilch unterrühren. Abkühlen lassen und in den Kühlschrank stellen.

5 Je einen Löffel Ananaskaramell in ein Schnapsglas oder ein Cocktailglas geben. Mit einem Handrührgerät die Kokoscreme schaumig aufschlagen und zum Servieren auf dem Ananaskaramell anrichten.

HERBST

CURRY-KAROTTEN-ZABAIONE

4 Personen | 30 Minuten | Schwierigkeitsgrad: Einfach

10–15 Karotten mit Grün
500 ml Wasser
250 g Zucker

Für die Zabaione:
3 Eigelb
150 g Zucker
50 ml Wasser
1 Prise Curry

1 Die Karotten schälen, ohne das Grün abzuschneiden. Mit einem scharfen Messer ringsum rund zuschneiden.

2 Das Wasser mit dem Zucker zum Kochen bringen. Die Karotten vorsichtig in das Wasser tauchen, ohne dass das Grün nass wird und sich ablöst.

3 Die Karotten nach dem Blanchieren mit kaltem Wasser abschrecken und beiseitestellen.

4 Für die Zabaione einen Topf mit Wasser zum Kochen bringen. In der Zwischenzeit alle Zutaten für die Creme in einer Schüssel verrühren und zu einer dickflüssigen Creme aufschlagen.

5 Die Schüssel auf den Topf mit dem kochenden Wasser setzen (Bain-Marie) und weiterrühren, bis das Eigelb durch die Hitze stockt und die Creme die richtige Konsistenz hat. Beiseitestellen.

6 Zum Schluss die Creme in einige feuerfeste Dessertschälchen füllen, im Backofen überbacken. Die Karotten in die Creme stecken und alles noch heiß servieren.

Hinweis: Da es sich hier um eine Emulsion handelt, müssen alle Zutaten im Wasserbad kräftig aufgeschlagen werden. Dazu können Sie ein Handrührgerät oder auch einen einfachen Holzspatel benutzen.

Wenn die Creme besonders leicht und luftig sein soll, können Sie etwas Schlagsahne oder steif geschlagenen Eischnee darunterheben.

Verwenden Sie anstatt der Karotten zum Beispiel auch Aprikosen, Kirschen, Erdbeeren oder Pflaumen – je nach Geschmack und Jahreszeit.

Die **Zabaione** stammt ursprünglich aus Süditalien und kann sowohl süß als auch herzhaft zubereitet werden.

SÜSSKARTOFFEL MIT MANDARINEN-GRANITÉ

4 Personen | 1 Stunde | Schwierigkeitsgrad: Einfach

2 Mandarinen, unbehandelt
1 Süßkartoffel

Für das Granité:
500 ml Mandarinensaft
100 g Zucker
2 cl Mandarinenlikör oder
1 cl Wodka

Für den Mandarinen-zucker:
200 g Zucker
40 g Abrieb von unbehandelten Mandarinen

1 Mandarinen schälen und die Schalen aufbewahren.

2 Die Mandarinen mit einer Zitronenpresse oder einem Entsafter auspressen.

3 100 ml Saft mit 100 g Zucker verrühren und auf mittlerer Flamme erhitzen.

4 Sobald der Zucker vollständig gelöst ist, den restlichen Saft und den Mandarinenlikör oder den Wodka dazugeben.

5 Die Flüssigkeit in einen luftdicht verschließbaren Tortenbehälter füllen und für einige Stunden ins Gefrierfach stellen, bis alles vollständig gefroren ist.

6 Aus dem Gefrierfach nehmen, die Tortenform öffnen und das Mandarineneis mit einer Gabel abschaben, sodass sich ein Granité bildet.

7 Für den Mandarinenzucker alle Zutaten in einen Standmixer geben und zu einer dicklichen, leicht orangefarbenen Masse verarbeiten. Beiseitestellen.

8 Den Backofen auf 150 °C vorheizen. Die ganze, ungeschälte Süßkartoffel im Ofen 10 bis 20 Minuten backen (je nach Größe).

9 Die fertig gebackene Süßkartoffel in verschieden große Rechtecke schneiden.

10 Auf einem Dessertteller die Süßkartoffelstücke und einige Mandarinenspalten mit einer guten Prise Mandarinenzucker und einem Löffel Granité anrichten und servieren.

Hinweis: Den aromatisierten Mandarinenzucker können Sie in einem luftdichten Behälter aufbewahren und für andere Desserts weiterverwenden. Er eignet sich wunderbar zum Abbrennen auf einer Creme.

Zum Überprüfen, ob die Süßkartoffel gar ist, stechen Sie mit einer Messerspitze leicht hinein: So stellen Sie fest, ob das Innere noch feucht oder schon getrocknet ist.

ORANGE MIT ROTE-BETE-CONFIT
UND LAKRITZGELEE

4 Personen | 40 Minuten | Schwierigkeitsgrad: Mittel

1 Orange
etwas Rote-Bete-Confit

Für das Lakritzgelee:
300 ml Wasser
20 g Zucker
2 Stück Süßholzwurzel
2 g Agar-Agar

Für das Rote-Bete-Gelee:
200 g Rote Bete, gekocht
20 g Zucker
1 g Agar-Agar

1 Wasser, Zucker und die Süßholzstücke zum Kochen bringen. Vom Herd nehmen und einige Minuten ziehen lassen.

2 Die Infusion durch ein Sieb gießen, Agar-Agar hinzugeben und unter ständigem Rühren erneut zum Kochen bringen.

3 Vom Herd nehmen und auf einer ebenen Fläche (kleines Blech, Deckel eines Tortenbehälters) bei Zimmertemperatur fest werden lassen. So entstehen nicht zu dünne Lakritzgeleescheiben.

4 Für das zweite Gelee die Rote Bete pürieren und mit dem Zucker und dem Agar-Agar verrühren. Die Mischung in einem Topf auf dem Herd erwärmen und bei Zimmertemperatur in einer Schüssel fest werden lassen.

5 Dann das Rote-Bete-Gelee in Würfel schneiden. Dazu muss der Behälter tief genug sein.

6 Einige Würfel Rote-Bete-Confit im Wechsel mit dem Rote-Bete-Gelee und einigen Orangenspalten auf einem Teller anrichten.

7 Zum Schluss eine Scheibe Lakritzgelee obenauf legen.

Agar-Agar wird aus verschiedenen Algenarten, hauptsächlich aus Ostasien, gewonnen. Es ist farb- und geschmacksneutral und hervorragend geeignet als Geliermittel. Agar-Agar kann die dreihundertfache Menge Flüssigkeit seines eigenen Gewichts absorbieren und bildet ein festes Gelee, ohne den Geschmack der Speise zu beeinträchtigen. Es ist in Form von Stäbchen, Flocken oder Pulver erhältlich, normalerweise in Tütchen zu 2 Gramm (im Supermarkt). Es eignet sich für die Zubereitung verschiedenster Desserts (Flan, Mousse, Creme, Gelee und Eis).

KANDIERTER APFEL

4 Personen | 15 Minuten | Schwierigkeitsgrad: Mittel

2 große Äpfel
50 g Puderzucker
200 g Zucker
60 ml Wasser
einige Holzspieße

1 Die Äpfel waschen und schälen. Mit einem Melonenausstecher mehrere Apfelkugeln ausstechen.

2 Die Apfelkugeln mit Puderzucker bestreuen und auf einen Spieß stecken.

3 Zucker und Wasser in einem kleinen Topf verrühren und erhitzen. Auf mittlerer Flamme 15 Minuten kochen, bis die Flüssigkeit eine bräunliche Farbe annimmt.

4 Die Äpfel in die Flüssigkeit tauchen, sodass sie vollständig bedeckt sind.

5 Wieder herausnehmen und 5 Minuten auf Backpapier abkühlen lassen.

Tipp
Für dieses einfache Dessert sind die Apfelsorten Golden Delicious und Royal Gala wegen ihres geringen Wassergehalts besonders geeignet.

Wenn
Sie mögen ...
... können Sie auch
Birnen oder anderes Obst
mit ähnlicher Konsistenz
verwenden.

CABELLO DE ÁNGEL - ENGELSHAAR
AUS KÜRBIS

4 Personen | 1 Stunde | Schwierigkeitsgrad: Einfach

1 Kürbis (1,5 kg) für 500 ml
Saft
300 g Zucker
8 g Agar-Agar
einige geröstete Pinienkerne
4 Kugeln Vanilleeis

1 Den Kürbis in Stücke schneiden, schälen und in einem Standmixer flüssig pürieren.

2 Den Kürbissaft mit dem Zucker und dem Agar-Agar in einen Topf geben. Unter ständigem Rühren zum Kochen bringen.

3 Nach dem Aufkochen die Mischung in einen tiefen Behälter gießen und 15 Minuten im Kühlschrank fest werden lassen.

4 Die Masse aus der Form lösen und mit einer Raspel zu Engelshaar reiben.

5 Etwas Engelshaar auf einem tiefen Teller anrichten und mit Pinienkernen und einer Kugel Vanilleeis servieren.

Üblicherweise wird **Cabello de Ángel** aus Feigenblattkürbis zubereitet. Dieser Kürbis ist eine Wintersorte, die süßer ist als der Sommerkürbis. Sein Fruchtfleisch ist saftig, zart und hat eine faserige Struktur. Es empfiehlt sich, einen möglichst reifen Kürbis zu verwenden.

RATAFÍA-GRANITÉ MIT
MOKKACREME

4 Personen | 30 Minuten | Schwierigkeitsgrad: Einfach

Für das Granité:
300 ml Ratafía
300 ml Wasser

Für die Creme:
300 g Sahne
50 g Zucker
30 g Kaffeebohnen

1 Das Wasser mit dem Ratafía mischen. In einen Tortenbehälter aus Plastik füllen und für mindestens 4 Stunden ins Gefrierfach stellen.

2 Das Eis aus dem Gefrierfach nehmen und mit einer Löffelspitze zu Granité kratzen.

3 Für die Mokkacreme die Sahne und den Zucker in einem Topf verrühren. Zum Kochen bringen und die ganzen Kaffeebohnen dazugeben.

4 Zehn Minuten ziehen lassen, die Infusion durch ein Sieb gießen und über Nacht in den Kühlschrank stellen.

5 Am nächsten Tag die Mokkacreme zu einer weißen Mousse aufschlagen.

6 Zum Servieren ein Weinglas oder ein hohes, schmales Bierglas zur Hälfte mit dem Granité füllen, dann die Mokkacreme daraufgeben.

Ratafía ist ein katalanischer Kräuterlikör, der aus grünen Walnüssen, Gewürzen (Zimt, Muskatnuss) und aromatischen Kräutern (Salbei, Thymian, Lavendel, Minze …) hergestellt wird. Seit 1989 besitzt er die Herkunftsbezeichnung DG (Denominación Geográfica). Dieser Likör schmeckt hervorragend zu Gebäck oder Nüssen und Trockenfrüchten.

BIRNENKOMPOTT MIT KASTANIEN-
CRUDITÉ

4 Personen | 30 Minuten | Schwierigkeitsgrad: Mittel

Für das Kompott:
3 Birnen (Sorte Conference)
30 g Butter
100 g Zucker
1 Zimtstange
2 EL Wasser

Für die Crudité:
100 g rohe Esskastanien
1 Birne

1   Die Birnen schälen und vierteln.

2   Butter, Zucker und Zimtstange in einem Topf zum Kochen bringen und die Birnen-
    stücke darin andünsten.

3   Sobald der Zucker anfängt zu karamellisieren, nach und nach mit dem Wasser
    ablöschen.

4   So lange weiterkochen, bis das Obst schön weich ist. Zimtstange entfernen.

5   Einen Löffel Birnenkompott in ein Schälchen geben. Die rohen Kastanien und die rohe
    Birne mit einer Mandoline oder einem Gemüsehobel in dünne Scheiben schneiden
    und auf dem Kompott anrichten.

Tipp
Sie können dieses Dessert kurz vorm Servieren im
Backofen erhitzen und zusammen mit etwas Vanille-
eis servieren.

APFELCREME MIT MACADAMIA-NÜSSEN UND KASTANIEN

4 Personen | 30 Minuten | Schwierigkeitsgrad: Mittel

Für die Creme:
2 Äpfel (Golden Delicious)
100 g Zucker
50 g Butter
Mark von 1 Vanilleschote

Zum Anrichten:
1–2 Äpfel (Golden Delicious)
4 Macadamianüsse
4 Marrons Glacés (kandierte Kastanien)

1 Als Erstes die Äpfel für die Creme schälen, entkernen und vierteln.

2 Die Apfelstücke in einen Plastik-Tortenbehälter legen und mit dem Zucker und der Butter in der Mikrowelle auf höchster Stufe 8 Minuten garen.

3 Herausnehmen, das Wasser abgießen, das Vanillemark dazugeben, die Äpfel pürieren und das Ganze in den Kühlschrank stellen.

4 Die Creme in einem Schälchen anrichten. Eine kandierte Kastanie auf die Creme legen und mit einigen dünn geschnittenen Apfelscheiben und geriebener Macadamianuss garnieren.

Marrons Glacés sind kandierte Esskastanien oder **Maroni**: Die Kastanien werden blanchiert, in einer Zuckerlösung mehrere Tage kandiert und mit einer feinen Glasur überzogen. Die zarten, süßen Maronen waren schon bei den alten Griechen beliebt, die sie in Amphoren mit Honig konservierten. Heute erhält man sie in gut sortierten Supermärkten und Feinkostgeschäften.

BANANEN-KASTANIEN-DESSERT
MIT SCHOKOLADE

4 Personen | 50 Minuten | Schwierigkeitsgrad: Mittel

8 geröstete Esskastanien
4 Bananen
80 g Zucker
20 g Butter
etwas Wasser zum Ablöschen
2 cl Rum
Vollmilchschokolade
zum Bestreuen

1 Kastanien und Bananen schälen und klein schneiden.

2 Den Zucker in einem Topf karamellisieren lassen, die Butter dazugeben und mit Wasser und Rum ablöschen.

3 Die Kastanien- und Bananenstücke unter den Karamell rühren. So lange kochen, bis die Bananen schön weich sind. Abkühlen lassen.

4 Die karamellisierten Bananen und Kastanien in ein Glas oder ein hohes Schälchen füllen.

5 Mit geraspelter Vollmilchschokolade bestreut servieren.

Tipp
Wenn Sie den Geschmack der einzelnen Zutaten noch besser unterstreichen wollen, können Sie eine Kuvertüre mit 70 % Kakaoanteil verwenden.

SÜSSES MANGO-JOGHURT-CHUTNEY

4 Personen | 40 Minuten | Schwierigkeitsgrad: Einfach

2 reife Mangos
100 g Zucker
20 ml Balsamico-Essig
je 1 Prise Kümmel, Curry,
Zimt, Muskatnuss, Karda-
mom und Pfeffer
frische Mangostreifen
etwas Schafsjoghurt zum
Anrichten

1 Die Mangos schälen und klein schneiden.

2 Die Mangostücke mit dem Zucker und dem Essig in einem Topf zum Kochen bringen. Vom Herd nehmen und die Gewürze unterrühren.

3 Mit einem Handrührgerät zu einer feinen Paste pürieren. Durch ein Sieb streichen und abkühlen lassen.

4 Auf einem tiefen Teller einige frische Mangostreifen anrichten, ringsherum etwas von dem Chutney geben, die Komposition mit einem Joghurtstreifen abrunden.

SCHOKOLADE MIT BONBONS

4 Personen | 30 Minuten | Schwierigkeitsgrad: Einfach

100 g Kuvertüre
(55 % Kakaoanteil)
8–10 Hustenbonbons
(Honig, Eukalyptus,
Zitrone ...)

1 Die Kuvertüre im Wasserbad oder auf kleiner Stufe in der Mikrowelle schmelzen.

2 Die Bonbons in einem Mörser zerstoßen und unter die flüssige Schokolade rühren.

3 Die Mischung auf ein mit Frischhaltefolie ausgelegtes Blech streichen und im Kühlschrank vollständig fest werden lassen.

4 Aus dem Kühlschrank nehmen, die Frischhaltefolie abziehen, Schokolade in Rechtecke
schneiden und servieren.

Tipp
Diese Gewürzschokolade passt wunderbar zu Kaffee.

TRAUBENKOMPOTT MIT MUSCAT

4 Personen | 45 Minuten | Schwierigkeitsgrad: Einfach

Für das Kompott:
100 g helle Weintrauben
20 g Zucker
50 ml Muscat

Für den Sirup:
200 ml Rosenwasser
1 g Agar-Agar

Zum Anrichten:
ungespritzte Rosenblätter

1 Die Trauben schälen und halbieren.

2 Trauben und Zucker in einem Topf verrühren und auf kleiner Flamme etwa 10 Minuten köcheln lassen. Den Wein dazugeben und vom Herd nehmen. Bei Zimmertemperatur stehen lassen.

3 Einen Teil des Rosenwassers mit dem Agar-Agar zum Kochen bringen. Das restliche Rosenwasser unterrühren und eine etwa 0,5 cm dicke Schicht auf ein Blech gießen. Fest werden lassen und das Gelee in etwa 0,5 cm große Würfel schneiden.

4 Ein Weinglas oder ein kleines Wasserglas zur Hälfte mit dem Kompott füllen, die Rosengelee-Würfel darauflegen und mit in feine Streifen geschnittenen Rosenblättern bestreuen.

Muscat oder Muskateller ist ein leichter, aromatischer Weißwein, der durch seine feinfruchtige Säure und sein typisches Muskatbukett charakterisiert wird. Die Muskateller-Traube wird im gesamten Mittelmeerraum angebaut.

WEINTRAUBEN MIT MACABEO

4 Personen | 30 Minuten | Schwierigkeitsgrad: Einfach

200 g helle Weintrauben
20 g Zucker
60 ml Macabeo-Wein
2 Pfirsiche
Traubenhälften zum
Garnieren

1 Die Trauben schälen und halbieren.

2 Trauben und Zucker in einem Topf verrühren und auf kleiner Flamme etwa 5 Minuten köcheln lassen.

3 In einem Standmixer oder mit einem Pürierstab zerkleinern, den Wein dazugeben, gut verrühren und durch ein Sieb gießen. In den Kühlschrank stellen.

4 Die Pfirsiche schälen, entkernen und vierteln. Ins Gefrierfach stellen.

5 Die gefrorenen Pfirsichstücke mit einer Käse- oder Mandelmühle fein reiben. Die Pfirsichraspel wieder ins Gefrierfach stellen.

6 Zum Servieren die Trauben-Wein-Mischung in Dessertschälchen gießen, einige Traubenhälften dazugeben und mit den Pfirsichraspel bestreuen.

Macabeo ist eine in der Region La Rioja und in Katalonien weit verbreitete weiße Traubensorte. Aus ihr wird ein frischer, leicht fruchtiger Wein gekeltert. Die Macabeo-Traube wird, ebenso wie die Rebsorten Parellada und Xarel·lo, zur Cava-Herstellung verwendet.

DUNKLE TRAUBEN MIT LAKRITZ-SAHNE, BROMBEEREN UND PEDRO XIMÉNEZ

8 Personen | 1 Stunde | Schwierigkeitsgrad: Mittel

Für das Gelee:
2 Blatt Gelatine
50 ml Wasser
50 g Zucker
200 ml Pedro-Ximénez-Wein

Für die Sahne:
10 g schwarzes Lakritzpulver
(aus einer Lakritzstange)
500 g Sahne
50 g Zucker

Für die Infusion:
100 g Brombeeren
100 g dunkle Trauben
50 g Zucker

1 Die Gelatine in kaltem Wasser einweichen. In der Zwischenzeit Wasser und Zucker in einem Topf verrühren und zu einem Sirup einkochen lassen. Die ausgedrückte Gelatine in die noch warme Flüssigkeit einrühren, danach den Wein dazugeben. In einen verschließbaren Plastikbehälter gießen und im Kühlschrank fest werden lassen.

2 Für die Sahne eine Lakritzstange fein reiben. Mit einem Handrührgerät oder mit einem Schneebesen die Sahne mit dem Zucker aufschlagen. Das Lakritzpulver dazugeben, weiterschlagen, dann in den Kühlschrank stellen.

3 Für die Infusion einen ausreichend großen Topf mit Wasser auf dem Herd zum Kochen bringen. Eine Metallschüssel mit den Brombeeren, den geschälten, halbierten Trauben und dem Zucker vorsichtig in den Topf mit dem Wasser stellen. Die Schüssel mit Frischhaltefolie abdecken und im Wasserbad 2 Stunden bei mittlerer Hitze köcheln lassen. Die Infusion vom Herd nehmen, abkühlen lassen und in den Kühlschrank stellen.

4 Zum Servieren etwas Trauben-Brombeer-Infusion, das Pedro-Ximénez-Gelee und die Lakritzsahne in einem Glas anrichten.

Lakritz wird aus Süßholzextrakt hergestellt, unter Zugabe von Zucker und Bindemitteln, wodurch es seine elastische Konsistenz erhält.

MÜRBETEIG-TARTELETTES
MIT SCHLEHENZABAIONE

4 Personen | 1 Stunde | Schwierigkeitsgrad: Mittel

Für den Mürbeteig:
125 g Zucker
100 g Butter
250 g Mehl
7 g Backpulver
1 Ei

Für die Zabaione:
3 Eigelb
2,5 cl Schlehenlikör
(Pacharán)
50 g Zucker

Zum Anrichten:
einige Schlehen

1 Für den Mürbeteig den Zucker und die Butter cremig rühren.

2 Das Mehl und das Backpulver vermischen, sieben und unter die cremige Butter rühren. Das Ei dazugeben. Alle Zutaten gründlich verrühren und zu einem glatten Teig verarbeiten.

3 Den Teig ausrollen und Kreise mit etwa 7 cm Durchmesser ausstechen.

4 Die Kreise in Silikonbackförmchen legen und im Backofen etwa 10 Minuten bei 200 °C backen.

5 Aus der Form lösen und beiseitestellen.

6 Für die Zabaione alle Zutaten in einer Metallschüssel verrühren. Die Schüssel unter ständigem Rühren an einen warmen Ort (in die Nähe der Kochstelle) bringen und so lange schlagen, bis die Masse ihr Volumen verdoppelt hat.

7 Die Tartelettes mit Schlehen belegen, die Zabaione darübergießen und im Backofen leicht gratinieren.

Mürbeteig ist innen weich und außen knusprig und wird häufig für die Zubereitung süßer und salziger Tartes verwendet.

Wenn
Sie mögen ...
... können Sie
statt der Schlehen
beliebige andere
Früchte und den dazu
passenden Obstbrand
verwenden
(Himbeere, Pflaume,
Kirsche, Birne ...)

WINTER

TRÜFFELMUFFINS

8 Personen | 30 Minuten | Schwierigkeitsgrad: Einfach

200 g Butter
245 g Mehl
120 g Puderzucker
10 g Backpulver
5 Eier
100 g Honig
1 Prise Salz
100 g Trüffel (aus der Dose),
klein gehackt

1 Die Butter in einem Topf auf kleiner Flamme zerlassen oder für ein paar Minuten in die Mikrowelle geben. Beiseitestellen.

2 Mehl, Puderzucker und Backpulver mischen und sieben.

3 Die Eier mit dem Honig, dem Salz und den klein gehackten Trüffeln aufschlagen.

4 Die zerlassene Butter dazugeben und nach und nach die trockenen Zutaten unterrühren.

5 Den Teig über Nacht in den Kühlschrank stellen.

6 Am nächsten Tag in Muffin-Förmchen füllen und im Backofen bei 190 °C etwa 8 Minuten backen.

Tipp
Um den Muffins einen besonders raffinierten Geschmack zu verleihen, können Sie einen Teelöffel Trüffelöl (erhältlich in Feinkostgeschäften) unter den Teig rühren.

ZITRUS-ORANGENBLÜTEN-MADELEINES

8 Personen | 30 Minuten | Schwierigkeitsgrad: Einfach

180 g Butter
140 g Puderzucker
235 g Mehl
1 Prise Salz
8 g Backpulver
5 Eier
50 g Honig
20 ml Orangenblütenwasser
100 ml Milch
Abrieb von unbehandelten
Zitrusfrüchten

1 Die Butter auf kleiner Flamme in einem Topf zerlassen oder für ein paar Minuten in die Mikrowelle geben. Beiseitestellen.

2 Puderzucker, Mehl, Salz und Backpulver mischen und sieben.

3 Die Eier mit dem Honig, dem Orangenblütenwasser, der Milch und dem Zitrusfrucht-abrieb verrühren.

4 Die zerlassene Butter dazugeben und nach und nach die trockenen Zutaten unter-rühren.

5 Über Nacht im Kühlschrank ruhen lassen.

6 Den Teig in Madeleine-Förmchen füllen und im Backofen bei 190 °C etwa 5 Minuten backen.

Tipp
Um den Madeleines einen noch intensiveren Geschmack zu geben, können Sie sie vor dem Backen mit Orangenschalenabrieb bestreuen.

CURRY-MADELEINES MIT WALDBEEREN

8 Personen | 30 Minuten | Schwierigkeitsgrad: Einfach

200 g Butter
150 g Puderzucker
245 g Mehl
10 g Backpulver
5 Eier
100 g Honig
100 ml Milch
1 Prise Curry
Waldbeeren (Schlehen,
Rote Johannisbeeren,
Himbeeren ...)

1 Die Butter auf kleiner Flamme in einem Topf zerlassen oder für ein paar Minuten in die Mikrowelle geben. Beiseitestellen.

2 Puderzucker, Mehl und Backpulver mischen und sieben.

3 In einer Schüssel die Eier mit dem Honig verrühren.

4 Eine Infusion aus Milch und Curry zubereiten. Abkühlen lassen und die zerlassene Butter dazugeben.

5 Nach und nach die trockenen Zutaten und schließlich die Ei-Honig-Mischung unterrühren.

6 Über Nacht in den Kühlschrank stellen.

7 Den Teig mit einem Spritzbeutel in Silikonförmchen füllen.

8 In jedes Förmchen 2 bis 3 Beeren geben.

9 Im Backofen bei 190 °C etwa 5 Minuten backen.

RIESENKEKS

8 Personen | 1 Stunde | Schwierigkeitsgrad: Einfach

125 g weiche Butter
150 g Zucker
150 g Rohrohrzucker
2 Eier
340 g Mehl
3 g Natron
Vanillepulver
150 g dunkle Kuvertüre,
klein gehackt
Nüsse, Mandeln oder
Cashewkerne

1 Die Butter und die beiden Zuckersorten mit einem Handrührgerät cremig rühren.

2 Die Eier nacheinander dazugeben, dann das gesiebte Mehl mit dem Natron und dem Vanillepulver unterrühren. Zum Schluss die Schokoladenstückchen und die Nüsse unter den Teig mischen.

3 Aus dem Teig eine große Kugel formen und auf einem mit Backpapier ausgelegten Backblech flach drücken.

4 Zu einem etwa 2 cm dicken Riesenkeks ausrollen, so groß, dass er noch auf das Backblech passt.

5 Den Backofen auf 180 °C vorheizen und den Keks 15 Minuten backen. Er sollte noch etwas weich und ganz leicht gebräunt sein.

Hinweis: Mit diesem Rezept können Sie Kekse in allen Größen herstellen. Dabei muss nur die Backzeit und -temperatur variiert werden. Kleine Kekse haben eine kürzere Backzeit, brauchen aber eine höhere Temperatur (etwa 8 Minuten bei 200 °C).

Der Begriff **zimmerwarme oder weiche Butter** bezieht sich auf Butter, die Zimmertemperatur und damit die ideale Konsistenz zur Verarbeitung beim Backen hat. Nehmen Sie die Butter vorher einfach rechtzeitig aus dem Kühlschrank.

Backpapier bekommt man in gut sortierten Supermärkten oder Fachgeschäften von der Rolle oder als fertigen Zuschnitt. Stattdessen können Sie auch Alufolie verwenden: Sie ist ein hervorragender Wärmeleiter, bleibt allerdings leichter an den Speisen kleben.

RIESENMUFFIN

8 Personen | 45 Minuten | Schwierigkeitsgrad: Mittel

140 g Butter
200 g Zucker
2 Eier (Zimmertemperatur)
230 g Mehl
1 Prise Salz
6 g Backpulver
150 ml Milch
Mark von ½ Vanilleschote

Für die Buttercreme:
150 g weiche Butter
200 g Puderzucker
Mark von ½ Vanilleschote
Rote Beeren (Brombeeren, Himbeeren, Erdbeeren …)

1 Für den Muffin zuerst die Butter und den Zucker mit einem Handrührgerät cremig aufschlagen.

2 Die Eier nacheinander dazugeben und gründlich unterrühren.

3 In einer anderen Schüssel Mehl, Salz und Backpulver verrühren.

4 Getrennt davon die Milch mit dem Vanillemark mischen.

5 Das Mehl mit dem Salz und dem Backpulver unter die Butter-Zucker-Mischung rühren.

6 Die Vanillemilch dazugeben und das Ganze zu einem glatten Teig verarbeiten.

7 Eine große Briocheform einfetten und mit dem Teig füllen. Nach oben einen etwa 4 cm breiten Rand frei lassen.

8 Im Backofen bei 170 °C etwa 25 Minuten backen.

9 Für die Buttercreme die weiche Butter in einer Schüssel mit dem Puderzucker und der Vanille verrühren und zu einer weißlichen, cremigen Masse aufschlagen.

10 Diese Buttercreme in einen Spritzbeutel mit Sterntülle füllen.

11 Den goldbraun gebackenen Muffin aus dem Ofen nehmen, etwas abkühlen lassen und mit der Buttercreme füllen. Dabei die Beeren einarbeiten.

Hinweis: Bevor Sie den Muffin aus dem Backofen nehmen, sollten Sie prüfen, ob er ganz durchgebacken ist. Stechen Sie dazu mit einer Messerspitze in den Teig. Wenn das Messer beim Herausziehen etwas feucht ist, muss der Muffin noch ein paar Minuten länger backen.

Dieses Rezept ist von den klassischen amerikanischen **Cupcakes** inspiriert: Das sind (kleine) Törtchen, die in ähnlichen Formen gebacken werden wie Madeleines oder Muffins. Cupcakes entstanden im 19. Jahrhundert, als es noch keine Backformen gab und stattdessen kleine Tontassen oder -töpfchen (*cups*) verwendet wurden.

SCHOKOLADENKUGEL AUF NUSSNUGATCREME

8 Personen | 90 Minuten | Schwierigkeitsgrad: Hoch

Für den Karamell:
250 g Schokoladenfondant
125 g Glukose
125 g Isomalt
10 Tropfen Zitronensäure
(50 %)

**Für die Mousse
au Chocolat:**
2 Blatt Gelatine
100 g Zucker
500 g Sahne
3 Eigelb
150 g dunkle Kuvertüre
(70 % Kakaoanteil)

Für die Nugatcreme:
200 g Sahne
250 g Haselnussnugat

**Für den Schokoladen-
überzug:**
300 g dunkle Kuvertüre
(70 % Kakaoanteil)
300 g Kakaobutter

1   Für den Karamell Schokoladenfondant, Glukose und Isomalt in einem Topf auf 150 °C erhitzen. Die Zitronensäure dazugeben und weiter auf 160 °C erhitzen.

2   Den Karamell auf eine Silikonbackmatte streichen, wieder zusammenlegen, erneut ausstreichen und mit einem Nudelholz ausrollen. Diesen Vorgang etwa 20-mal wiederholen.

3   Kleine Kugeln von etwa 1 cm Durchmesser ausschneiden und mit einem Zucker-Blasebalg zu Hohlkugeln aufblasen. Die Verbindungsstücke zum Blasebalg mit einem Bunsenbrenner anwärmen und mit der Schere vorsichtig abschneiden, an der Unterseite eine Öffnung lassen. Die Karamellkugeln an einem trockenen Ort aufbewahren.

4   Für die Mousse die Gelatine in kaltem Wasser einweichen. Den Zucker in einem kleinen Topf erhitzen.

5   Mit der Sahne ablöschen, die Eigelbe unterrühren und eine Englische Creme zubereiten. Auf 85 °C erhitzen.

6   Vom Herd nehmen und die Kuvertüre und die ausgedrückte Gelatine unterrühren.

7   Die Masse mit einem Handrührgerät gründlich verrühren und durch ein Sieb streichen. Für mindestens 12 Stunden in den Kühlschrank stellen. Danach die Masse in einen Espuma-Siphon füllen (siehe Kapitel Arbeitsgeräte).

8   Für die Nugatcreme eine Emulsion aus der Sahne und dem Haselnussnugat bilden und glatt rühren.

9   Zum Abschluss die Kuvertüre mit der Kakaobutter vermischen und schmelzen. Die Karamellkugeln in die flüssige Schokolade tauchen, mit der Mousse au Chocolat füllen und auf einem Nugatspiegel anrichten.

GEZUCKERTE MANDARINE

4 Personen | 30 Minuten | Schwierigkeitsgrad: Einfach

2 Mandarinen
1 Blatt Gelatine
1 Eiweiß
Zucker
einige Basilikumblätter

1   Mandarinen schälen und die Fruchtspalten vorsichtig voneinander trennen. Dabei darauf achten, dass die feinen Häutchen nicht zerstört werden.

2   Die Spalten auf einen Teller oder eine Platte legen und bei Zimmertemperatur über Nacht trocknen lassen.

3   Die Gelatine in kaltem Wasser einweichen, in der Zwischenzeit das Eiweiß in eine kleine Schüssel geben und bei Zimmertemperatur bereitstellen.

4   Die Gelatine ausdrücken und in einen Mikrowellenbehälter aus Plastik geben. Auf höchster Stufe erhitzen, bis sie sich auflöst. Die noch heiße Gelatine mit dem Eiweiß verrühren.

5   Die Mandarinenspalten einzeln in die Gelatine tauchen.

6   Auf Küchenpapier abtropfen lassen und von allen Seiten mit Zucker bestreuen.

7   Die gezuckerten Mandarinenspalten auf ein Kuchengitter legen und 2 bis 3 Stunden von beiden Seiten trocknen lassen. Mit frischen Basilikumblättchen garniert servieren.

Nur mit Mandarinen
Dieses Dessert lässt sich nur mit Mandarinen zubereiten. Orangen, Zitronen oder Grapefruits haben empfindlichere Zwischenhäute, die bei dieser Art der Verarbeitung reißen würden.

GRAPEFRUIT MIT INGWER

8 Personen | 1 Stunde | Schwierigkeitsgrad: Mittel

Für die Ingwersahne:
2 Blatt Gelatine
500 g Sahne
50 g Zucker
0,5 g Ingwerpulver

Für die Konfitüre:
2 unbehandelte Grapefruits
Zucker

Zum Anrichten:
1 Grapefruit
kandierter Ingwer

1 Für die Ingwersahne die Gelatine in kaltem Wasser einweichen. Unterdessen die Sahne mit dem Zucker in einem kleinen Topf erhitzen. Einmal aufkochen, vom Herd nehmen und die ausgedrückte Gelatine und das Ingwerpulver unterrühren. 5 Minuten stehen lassen, durch ein Sieb gießen und in den Kühlschrank stellen. Die Sahne sollte am besten am Vortag, mindestens aber einige Stunden vor den restlichen Zutaten zubereitet werden.

2 Wenn die Ingwersahne gut durchgekühlt ist und lange genug geruht hat, steif schlagen.

3 Mehrere Dessertschälchen zu drei Viertel damit füllen. Dies ist die Basis des Desserts.

4 Für die Konfitüre die Grapefruits mit der Schale vierteln und in einem Standmixer zerkleinern.

5 Den Saft abwiegen und dasselbe Gewicht in Zucker dazugeben. Die Mischung erhitzen und auf kleiner Flamme einkochen lassen, bis sie die gewünschte Konsistenz erreicht hat.

6 Grapefruit und kandierten Ingwer in kleine Stücke schneiden, auf der Ingwersahne anrichten und etwas Konfitüre darübergeben.

Der süßliche und zugleich scharf-würzige Geschmack des **Ingwers** entsteht durch eine Substanz namens Gingerol, die in der Ingwerwurzel zu finden ist. Ingwer sollte sparsam eingesetzt werden, damit das intensive Aroma die anderen Zutaten nicht überdeckt.

Tipp
Sahne lässt
sich leichter
aufschlagen, wenn
sie schön kalt ist.

ZITRONENMOUSSE MIT AHORNSIRUP

4 Personen | 1 Stunde | Schwierigkeitsgrad: Mittel

Für die Mousse:
200 g Sahne
3 Blatt Gelatine
5 Eiweiß
75 g Zucker
Abrieb von 1 unbehandelten
Zitrone

Zum Anrichten:
etwas Ahornsirup
einige Minzeblätter

1 Die Sahne mit einem Handrührgerät steif schlagen und in den Kühlschrank stellen.

2 Die Gelatine in kaltem Wasser einweichen. Unterdessen das Eiweiß mit dem Zucker in einer Schüssel zu Schnee schlagen. Den gezuckerten Eischnee im Wasserbad (bei ca. 50 °C) erwärmen, bis sich der Zucker gelöst hat. Darauf achten, dass das Eiweiß dabei nicht gerinnt.

3 Die noch heiße Baisermasse von Hand oder mit einem Handrührgerät zu einer weißen, festen Masse aufschlagen. Den Zitronenschalenabrieb dazugeben.

4 Die Baisermasse mithilfe eines Spatels unter die Schlagsahne heben.

5 Diese Mousse in eine mit Frischhaltefolie ausgelegte rechteckige Form füllen.

6 Einige Stunden im Kühlschrank fest werden lassen.

7 Aus der Form lösen und in gleich große Würfel schneiden (durch die Gelatine behält die Mousse ihre Form).

8 Etwas Ahornsirup in Gläser oder Schälchen füllen, drei oder vier Moussewürfel darauf verteilen und mit Minzeblättern garnieren.

Ahornsirup ist ein Süßungsmittel, das aus dem Saft des Ahornbaums gewonnen wird. Er wird vor allem in den USA und in Kanada häufig verwendet, insbesondere zu Waffeln, Crêpes und Toasts.

SCHOKOLADENTRÜFFEL
MIT HIMBEERGEIST

8 Personen | 1 Stunde | Schwierigkeitsgrad: Mittel

300 g Sahne
80 g Honig
750 g Vollmilchschokolade
100 g dunkle Schokolade
(70 % Kakaoanteil)
10 cl Himbeergeist
150 g Butter, in Stücken
dunkle Kuvertüre
(70 % Kakaoanteil),
geschmolzen
Kakaopulver zum Bestäuben

1 Sahne und Honig in einem Topf zum Kochen bringen.

2 Die beiden Schokoladensorten in einer Schüssel mischen und in die kochende Milch geben. Dabei ständig umrühren.

3 Den Himbeergeist dazugeben und gründlich umrühren.

4 Die Butter dazugeben und weiterrühren, bis alle Zutaten gelöst sind.

5 Die Mischung in eine mit Frischhaltefolie ausgelegte Form gießen und für mindestens 8 Stunden in den Kühlschrank stellen.

6 Danach in Würfel schneiden und mit den Händen zu Kugeln formen. Die Kugeln mit geschmolzener Kuvertüre überziehen. Zum Schluss mit Kakaopulver bestäuben.

ORANGENBLÜTEN-TRÜFFEL

4 Personen | 1 Stunde | Schwierigkeitsgrad: Mittel

185 g Sahne
90 g Honig
550 g Vollmilchkuvertüre
40 ml Orangenblütenwasser
75 g Butter
Vollmilchschokolade,
geschmolzen
Kakaopulver zum Bestäuben

1   Die Sahne mit dem Honig in einem Topf zum Kochen bringen.

2   In der Zwischenzeit die Vollmilchkuvertüre in den Becher eines Standmixers geben.

3   Mit der kochenden Sahne auffüllen und auf kleiner Stufe zu einer Emulsion verarbeiten.

4   Das Orangenblütenwasser und die Butter dazugeben. So lange schlagen, bis alle Zutaten glatt verarbeitet sind.

5   Die Mischung in eine Form oder ein tiefes Backblech gießen und für mindestens 6 Stunden in den Kühlschrank stellen.

6   Danach in beliebig große Stücke schneiden und daraus mit den Händen Kugeln formen.

7   Die Trüffel mit geschmolzener Vollmilchschokolade überziehen. Abkühlen lassen und mit Kakaopulver bestäuben.

Wenn
Sie mögen ...
... können Sie das
Orangenblütenwasser
durch eine Kräuterinfusion
ersetzen.

KOKOSNUSS-JOGHURT-TRÜFFEL

4 Personen | 1 Stunde | Schwierigkeitsgrad: Mittel

200 g griechischer Joghurt
50 g Honig
50 g Kokosraspel
400 g weiße Kuvertüre
etwas Milchpulver
Kokosraspel zum Überziehen

1 Den Joghurt mit dem Honig und den Kokosraspel in einer Schüssel verrühren. (Alle Zutaten sollten bei Zimmertemperatur verarbeitet werden.)

2 Die Kuvertüre in der Mikrowelle schmelzen und unter die Joghurtmasse mischen, dabei kräftig umrühren.

3 Die Masse in eine Form oder ein tiefes Backblech geben und 2 Stunden im Kühlschrank fest werden lassen.

4 In Würfel schneiden und mit den Händen zu Kugeln rollen.

5 Kokosraspel und Milchpulver miteinander vermischen und die Kugeln damit überziehen.

SCHOKOLADEN-INGWER-COOKIES

8 Personen | 1 Stunde | Schwierigkeitsgrad: Einfach

75 g Butter
100 g Rohrohrzucker
75 g Zucker
10 g Varilleextrakt
200 g Mehl
10 g Natron
30 g Maisstärke (Maizena)
1 Prise Salz
100 g Schokolade, gehackt
kandierte Ingwerwürfel
1 Ei

1 Die Butter rechtzeitig aus dem Kühlschrank nehmen, damit sie sich auf Zimmer-temperatur erwärmen kann.

2 Die Zuckersorten und die weiche Butter in einer großen Schüssel verrühren, dann das Ei und den Vanilleextrakt dazugeben und weiterrühren.

3 Mehl, Natron und Maisstärke miteinander vermischen und sieben. Diese Mischung unter ständigem Rühren zu der Butter-Zucker-Creme geben. Eine Prise Salz und die Hälfte der Schokoladenmenge dazugeben. Kurze Zeit im Kühlschrank ruhen lassen.

4 Ein Backblech mit Backpapier auslegen. Aus dem Teig Kugeln formen und zu runden Keksen flach drücken. Die restliche gehackte Schokolade und die kandierten Ingwer-stücke darauf verteilen.

5 Im Backofen bei 180 °C etwa 7 Minuten backen.

Tipp
Diese Kekse schmecken ganz frisch am besten.
Sie können sie zusammen mit Vanilleeis servieren.

SABLÉS

8 Personen | 40 Minuten | Schwierigkeitsgrad: Einfach

200 g Butter
225 g Mehl
50 g Puderzucker
1 Eigelb
Zitronenmelisse

1 Die Butter rechtzeitig aus dem Kühlschrank nehmen, damit sie sich auf Zimmertemperatur erwärmen kann, und mit den Händen in einer großen Schüssel verkneten.

2 Mehl und Puderzucker mischen, sieben und unter die Butter rühren.

3 Das Eigelb unter ständigem Rühren dazugeben und den Teig einige Minuten im Kühlschrank ruhen lassen.

4 Ein Backblech mit Backpapier auslegen. Aus dem Teig Kugeln formen und zu runden Keksen flach drücken.

5 Im Backofen bei 180 °C etwa 5 Minuten backen (je nach Größe).

6 Das Blech aus dem Ofen nehmen, vorsichtig eine Mulde in die Mitte der Kekse drücken und jeweils einige Zweige Zitronenmelisse in die Vertiefung stecken.

Sablés – so heißen im Französischen die trockenen, knusprigen Kekse aus *pâte sablée*, einem Sand- oder Mürbeteig, nach Rezepten aus der Gegend um Caen (Normandie). Ihren Namen verdanken sie ihrer besonderen Textur, die an Meersand erinnert.

KAKAOKEKSE

8 Personen | 30 Minuten | Schwierigkeitsgrad: Einfach

200 g Butter
200 g Mehl
1 Prise Salz
50 g Puderzucker
30 g Kakao
1 Ei
Sahneeis zum Füllen der
Kekse

1 Die Butter rechtzeitig aus dem Kühlschrank nehmen, damit sie sich auf Zimmer-temperatur erwärmen kann, und mit den Händen in einer großen Schüssel verkneten.

2 Mehl, Salz, Puderzucker und Kakao mischen und sieben und unter die Butter kneten.

3 Unter ständigem Rühren das Ei dazugeben. Den Teig einige Minuten im Kühlschrank ruhen lassen.

4 Den Teig zwischen zwei Lagen Backpapier ausrollen und für 20 Minuten in den Kühlschrank stellen.

5 Mit einer Ausstechform runde Plätzchen ausstechen.

6 Die Plätzchen auf ein mit einer Silikonbackmatte ausgelegtes Backblech legen. Im Backofen bei 180 °C etwa 5 Minuten backen.

7 Mit derselben Ausstechform einige Zylinder Sahneeis ausstechen und zwischen zwei Keksen zu einem Sandwich zusammenfügen.

Wenn Sie mögen …

… können Sie die Kekse auch mit Trüffelmasse, Bitterorangenmarmelade oder einer beliebigen anderen Creme nach einem Rezept aus diesem Buch füllen.

TURRÓN AUS WEISSER SCHOKOLADE, KOKOS UND CURRY

8 Personen | 45 Minuten | Schwierigkeitsgrad: Mittel

200 g weiße Kuvertüre
75 g Kokosraspel
1 Prise Curry
Abrieb von ½ unbehandelten
Zitrone

1 Die Schokolade in einer Schüssel im Wasserbad oder auf kleiner Stufe in der Mikrowelle schmelzen. Beiseitestellen.

2 In der Zwischenzeit die Kokosraspel auf ein Backblech streuen und bei niedriger Temperatur im Backofen leicht anrösten.

3 Die gerösteten Kokosstreusel auf die Schokolade streuen und den Zitronenabrieb unterrühren.

4 Unter ständigem Rühren den Curry dazugeben.

5 Eine Form mit Frischhaltefolie auslegen und die Schokoladenmischung daraufgießen. Abkühlen lassen.

6 Aus der fest gewordenen Masse mit einem scharfen Messer Stücke schneiden oder mit den Händen unregelmäßige Stücke abbrechen.

KNUSPRIGER MAIS-TURRÓN

8 Personen | 45 Minuten | Schwierigkeitsgrad: Mittel

100 g Butter
400 g Schokolade
(55 % Kakaoanteil)
150 g geösteter Mais
50 ml Olivenöl
Kakaopulver zum Bestäuben

1 Die Butter aus dem Kühlschrank nehmen und auf Zimmertemperatur erwärmen lassen.

2 In der Zwischenzeit die Schokolade im Wasserbad oder in der Mikrowelle schmelzen.

3 Den Mais in einem Mörser oder in einem Standmixer grob zerkleinern.

4 Die flüssige Schokolade mit dem Olivenöl verrühren und auf 35 °C abkühlen lassen.

5 Die Butter hinzugeben und unter ständigem Rühren den gerösteten Mais einstreuen.

6 Die Masse auf ein mit Frischhaltefolie ausgelegtes Backblech (oder in eine spezielle Turronform) geben. In den Kühlschrank stellen und fest werden lassen.

7 Anschließend im Ganzen aus der Form lösen oder in Stücke schneiden. Mit Kakaopulver bestäuben und auf einem Teller anrichten. Mit dem gerösteten Mais bestreut servieren.

Tipp
Anstatt Mais können Sie auch karamellisierte Nüsse, Mandeln, Pistazien oder Ähnliches verwenden. Dadurch wird der Turrón schön knusprig.

LIMETTENBAISER

4 Personen | 30 Minuten | Schwierigkeitsgrad: Einfach

2 Eiweiß
75 g Zucker
Abrieb von 2 unbehandelten
Limetten
1 Prise Salz

1 Mit einem Handrührgerät oder einem Schneebesen die Eiweiße zu Schnee schlagen.

2 Sobald der Schaum weiß wird, nach und nach den Zucker unterrühren.

3 Weiterrühren, bis eine feste Baisermasse entsteht.

4 Limettenabrieb und Salz dazugeben und gut verrühren, bis das Baiser eine leicht grünliche Farbe annimmt.

5 Die Baisermasse in eine Spritztüte mit Lochtülle (2 cm) füllen.

6 Mehrere Baisertupfer auf ein mit Backpapier ausgelegtes Backblech setzen.

7 Im Backofen bei niedriger Temperatur (60 bis 90 °C) 3 Stunden trocknen.

8 Nach dem Trocknen bleiben die Baisers in einem luftdicht verschlossenen Plastikbehälter länger haltbar.

Tipp
Dieses einfache Rezept eignet sich als zart-knusprige Beilage zu einem Sorbet oder Eis, als Ergänzung zu einem Kuchen oder als süße Leckerei zum Kaffee.

GEWÜRZBAISER

4 Personen | 30 Minuten | Schwierigkeitsgrad: Einfach

Für die Gewürz-mischung:
1 Teil Zimtpulver
½ Teil Sternanispulver
¼ Teil Kurkumapulver
¼ Teil Korianderpulver

Für das Baiser:
2 Eiweiß
75 g Zucker
1 Prise Salz
1 TL Gewürzmischung

1 Mit einem Handrührgerät oder einem Schneebesen die Eiweiße zu Schnee schlagen.

2 Sobald der Schaum weiß wird, nach und nach den Zucker unterrühren.

3 Weiterrühren, bis eine feste Baisermasse entsteht.

4 Einen Teelöffel Gewürzmischung untermengen.

5 Jeweils kleine Mengen der Mischung in blattförmige, längliche Plastikschablonen streichen.

6 Auf ein mit Backpapier ausgelegtes Backblech legen.

7 Im Backofen bei 80 °C 3 Stunden trocknen.

8 Wenn die Baiserblätter getrocknet sind, die Temperatur auf 120 °C erhöhen, damit sie aufgehen.

9 Sofort servieren oder in einem luftdicht verschließbaren Behälter aufbewahren.

MINZBAISER

4 Personen | 30 Minuten | Schwierigkeitsgrad: Einfach

2 Eiweiß
80 g Zucker
50 ml Minzsirup
frische Minzeblätter zum
Garnieren
einige Rosa Pfefferkörner

1 Mit einem Handrührgerät oder einem Schneebesen die Eiweiße zu Schnee schlagen.

2 Den Zucker und den Minzsirup in einem Topf auf mittlerer Flamme zum Kochen bringen. Einige Minuten einkochen lassen.

3 Nach und nach die heiße Zucker-Sirup-Mischung unter den Eischnee rühren und weiterschlagen. Abkühlen lassen.

4 Die Baisermasse in einen Spritzbeutel füllen und mehrere Tupfer auf ein Backblech setzen. Mit einem Spatel zu länglichen Blättern formen.

5 Im Backofen bei 80 °C 3 Stunden trocknen und anschließend servieren.

Hinweis: Sie können diese Baisers in einem luftdicht verschließbaren Plastikbehälter aufbewahren und für andere Desserts verwenden.

Man kann die Baisers mit Minzeblättern garniert servieren. Eine interessante Ergänzung dazu bilden Rosa Pfefferkörner.

SCHOKOLADENKUCHEN MIT BANANE UND LIMETTE

4 Personen | 1 Stunde | Schwierigkeitsgrad: Mittel

Für den Teig:
4 Eigelb
160 g Zucker
150 g Butter
225 g Mehl
15 g Backpulver
30 g Kakaopulver
3 reife Bananen, in Scheiben geschn tten
100 g Zartbitterschokolade (50 % Kakaoanteil), in Stücken

Für den Belag:
50 g Zucker
2 Bananen, in Scheiben geschnitten
1 Schuss Rum
Abrieb von 1 unbehandelten Limette

1 Mit einem Handrührgerät Eigelbe und Zucker schaumig schlagen und die weiche Butter unterrühren. Das Mehl, das Backpulver und den Kakao miteinander mischen, sieben und unter den Teig rühren.

2 Eine runde Springform vorbereiten. Eine Silikonform muss nur leicht gefettet werden. Eine Metallspringform sollte von allen Seiten, auch am Rand, gefettet und mit Mehl bestäubt werden.

3 Den Teig und die Bananenscheiben abwechselnd in die vorbereitete Form schichten.

4 Die Schokolade darauf verteilen, sodass sie beim Backen schmilzt.

5 Im Backofen bei 180 °C etwa 15 Minuten backen. Bei Zimmertemperatur abkühlen lassen.

6 Für den Belag den Zucker auf kleiner Flamme in einem Topf schmelzen. Die in Scheiben geschnittenen Bananen dazugeben und einige Minuten mitgaren.

7 Mit Rum ablöschen und vom Herd nehmen.

8 Die karamellisierten Bananenscheiben auf dem Kuchen verteilen und mit dem Limettenabrieb bestreuen.

TARTELETTES MIT ROTWEINBIRNEN

4 Personen | 90 Minuten | Schwierigkeitsgrad: Mittel

20 g Mehl
100 g Zucker
70 g Mandelmehl
150 g Sahne
2 Eier
3 Eigelb
4 Birnen (Conference)
200 ml Rotwein
90 g Puderzucker
Zimteis (nach Belieben)

1 Das Mehl sieben und mit dem Zucker und dem Mandelmehl verrühren.

2 Sahne, Eier und Eigelbe daruntermischen und das Ganze mit einem Handrührgerät oder von Hand sorgfältig zu einem glatten Teig verrühren. Über Nacht in den Kühlschrank stellen.

3 4 Förmchen (10 bis 12 cm Durchmesser) fetten und mit Mehl bestreuen. Den Teig in die Förmchen füllen.

4 Die Birnen schälen, in einem Topf erhitzen und Rotwein angießen. Wenn die Mischung heiß ist, 50 g Puderzucker dazugeben. Etwa 25 bis 30 Minuten köcheln lassen. Alle 5 Minuten mit dem Weinsirup übergießen.

5 Rotweinbirnen in Spalten schneiden, auf den Teig legen. Mit dem restlichen Puderzucker bestreuen.

6 Im Backofen bei 190 °C 10 bis 12 Minuten backen. Die Tartelettes aus dem Ofen nehmen, aus der Form lösen und bei Zimmertemperatur stehen lassen.

7 Vor dem Servieren können die Tartelettes noch einmal kurz erwärmt und nach Belieben mit Zimteis serviert werden.

Wenn
Sie mögen ...
... können Sie
die Birnen durch
anderes Obst
von ähnlicher
Konsistenz
ersetzen.

Rezeptverzeichnis nach Themen

Rezeptverzeichnis alphabetisch